夜裡

夢境知多少

為你揭開意想不到的夢境之謎

WHAT
DO
DREAMS
M

U0088101

i-smart

智學堂

智慧是學習的殿堂

國家圖書館出版品預行編目資料

夜裡夢境知多少：為你揭開意想不到的夢境之謎 /
賴怡璇編著．--初版．--新北市:智學堂文化,民103.09
　　面；　公分．--（輕鬆小館；2）
　　ISBN 978-986-5819-42-2(平裝)

　　1.夢 2.解夢

　　175.1　　　　　　　　　　　　　103014220

輕鬆小館：02

夜裡夢境知多少：為你揭開意想不到的夢境之謎

編　　著 ─ 賴怡璇
出 版 者 ─ 智學堂文化事業有限公司
執行編輯 ─ 劉逸芹
美術編輯 ─ 劉逸芹
地　　址 ─ 22103　新北市汐止區大同路三段一百九十四號九樓之一
　　　　　　TEL　（02）8647-3663
　　　　　　FAX　（02）8647-3660

總 經 銷 ─ 永續圖書有限公司
劃撥帳號 ─ 18669219
出 版 日 ─ 2014年9月

法律顧問 ─ 方圓法律事務所　涂成樞律師
CVS 代理 ─ 美璟文化有限公司
　　　　　　TEL　（02）27239968
　　　　　　FAX　（02）27239668

Chapter 1 夢裡常識知多少

Chapter 2 夢裡心事知多少

Chapter 3 夢裡身體知多少

Chapter 4 夢裡關係知多少

Chapter 5　夢裡情緒知多少

Chapter 6 夢裡禍患知多少

夢裡常識知多少

01
Chapter

經常聽到這樣的對話「昨晚我做了一個美夢」「為什麼我總是不做夢呢？」那麼，夢，到底是不是一定要出現在睡眠中？如果是，為什麼會有人說自己昨晚睡得很香，一個夢都沒有做呢？

事實上，夢是一直伴隨在每個人的睡眠當中的，不管第二天起床後，記不記得自己的夢中曾經出現什麼。這是一個事實，就像天上的太陽一樣，也許陰天雲多，你感受不到它的光芒和熱度，但是它依然掛在天上。夢也一樣，不論一早起來，你能不能回憶起前一天晚上曾經夢到過什麼，都不能改變做了夢的事實。有研究人員根據人體結構推測，夢是人體不可缺少的生理現象，就像心跳、呼吸一樣，雖然不是那麼至關重要，但卻是不可或缺的。

因為研究發現，溫血動物在睡眠的時候體溫會比非睡眠的時候低攝氏一度半，這首先向我們解釋了一個問題，那就是為什麼我們睡了一覺過後往往會感到很輕鬆？因為體溫降低，身體要維持的溫度相對低一些，所以消耗的能量相對小些。這一研究也從一個側面說明，夢是人必不可少的一部分，因為睡覺的時候，體溫降低，這樣才能保持身體的放鬆。但是大腦卻不可以降低溫度，所以大腦要運作，睡眠時候大腦的唯一的運作方式便是做夢，這樣才能保證大腦所需的溫度。

　　大腦是一個神奇的器官，它在活動的時候會分泌各種化學物質，以保持我們身體的所有活動。做夢也不例外，我們常說「日有所思，夜有所夢」，是有科學依據的，因為做夢也是由這種分泌物引起的。簡單來說，白天的時候，我們的神經元因為受到外界不同的刺激，產生不同的分

泌物，這些分泌物堆積在大腦裡，到了晚上，大腦必須處理這些分泌物，選擇非必須的進行卸載。卸載的方式，就是釋放，把這些刺激產生的記憶型分泌物釋放出來，大腦就會輕鬆很多，同時產生了我們所說的夢，這就可以解釋我們常說的「日有所思，夜有所夢」的情況了。

人類在長期的進化中，大腦慢慢形成了一種有利於我們生存的運轉方式，就是在睡眠當中依然持續著對主人的生存環境以及工作內容等方面的記憶，這樣才能在第二天更快的繼續投入到一件事情中，或者是在有突發情況不能睡覺的時候，大腦能在盡可能短的時間內適應不休息的環境繼續保持工作狀態。

綜合上面幾點來說，夢就成了必需品，有以下幾點原因：

第一、這是在為我們的大腦減壓，就像為電腦清除垃圾一樣，及時清理一些沒有用的分泌

物，我們的大腦才能保持高速的運轉。

第二、做夢也是大腦保持溫度和正常工作條件的一種方式，夢是大腦在睡眠期間的活動，用以提高溫度，保持運轉環境的正常。

第三、大腦不間斷工作和記憶是為了更快更好的適應外界的工作，提高人們工作學習的效率。所以，夢對於人類來說是必不可少的。

為什麼「日有所思，夜有所夢」

很多時候，人們會覺得自己的並不是像別人常說的那樣，「日有所思，夜有所夢」，因為有的時候，人們夢裡出現的場景並不是自己白天幻想過的或是經歷過的。其實夢是關於外界或是人自身產生的刺激的一種釋放，這一點的確是正確的。我們做夢的內容也的確是自己的身體產生過的刺激的釋放，但是這一刺激不一定是來自肉體

的還是來自靈魂的，也不一定是來自於哪一天或是哪一時期的，所以每一天的夢不一定就是來自於當天的刺激。

總的來說，夢的材料來源是刺激，來自於肉體上的感官刺激，來自於心靈思想上的刺激，還有就是我們自身往外發出的刺激。這三者都是夢的材料來源所在，這幾種來源不管是在清醒的時候發生的，還是在睡夢中發生的，都有可能會出現在當事人的夢中。

夢的根源來自於這三種刺激，其中還有很多其他的因素也會影響到夢的內容。

比如一個小孩子小的時候歷經過讓自己驚恐的是事情，因為小孩子的記憶力比較好，所這件事情可能會留在他整個童年甚至整個人生的記憶當中。因此，這個人的夢至少在兒童時期的一段時間或者是整個時期內，都會有驚恐的內容出現。內容可能跟自己經歷過一樣或相似。

他可能在歷經這件事情之後會對這件事情進行不斷的想像，可能讓他驚恐的只是親眼目睹了一場車禍，但是他也許會在此後幻想這場車禍並不是一個意外，而是一個惡魔的詭計。那麼，他的夢中可能就會出現一個惡魔的形象。也可能，他在目睹這場車禍後會害怕以後自己身上也發生這樣的事情，那麼他的夢中就會出現這樣一個場景：自己歷經了一場車禍。或者，他幻想著自己是有超能力的拯救者，在車禍發生前預知了一切，或是在車禍即將發生的時候阻止了這一切，但可能就會出現一場虛驚，可能這個孩子從此就擺脫了這個噩夢。所以夢不僅跟所曾受到的刺激有關聯，還跟當事者對這一刺激產生的後續聯想有很大關係。

19

　　夢也有可能是一種潛意識的，非主觀的記憶。比如，一個成年人，他在夢中經常會夢到一處遊樂場，自己在裡面玩耍，這個夢可能經常會

出現，他甚至可以說出遊樂場裡哪裡有一棵楊樹，哪裡有一組秋千，哪裡有綠色的滑梯，等等，但是他自己卻不知道這是什麼地方，記不起自己是什麼時候到過這裡。可能有一天，當他把這件事情告訴自己的家人的時候，會得到這樣的答案「這是你小時候最喜歡去的遊樂場，後來我們搬家了，你就再也沒去過」。也許這個時候，這個人才會想起這個地方來。也就是說夢境的出現有時候會源於我們記不起來的一些事物或者是一些地點、場景。

　　另外，夢中的場景會或者是一些事情的發生可能會跟現實截然相反。比如有一個人白天要參加一場辯論賽，對方的選手可能實力很強，賽前幾天，兩人在教學樓的樓梯間見面，相互寒暄了幾句，這個人跟自己的對手說「希望我們都能有很好的表現」。這個場景晚上就出現在這個人的夢中，還是教學樓樓梯間，但是可能一開口，夢

中的他對對方說的話就變成了「我希望你表現的沒有我好。」這也是可以理解的,因為臨近比賽,這個人腦子裡想的都是關於辯論的事情,所以緊張的情緒產生的分泌物太多,大腦要向外釋放,就會做關於辯論賽的夢,加上白天的時候真的在樓梯間裡遇上了對手,對手也會出現在夢中。但是為什麼說的話截然相反呢?因為當事人的主觀情緒,因為他準備了很久,很想獲得這個比賽的冠軍,他的想法就是希望對方的表現沒有自己好,這樣的主觀情緒就出現在了夢中。

所以夢的來源不僅僅跟各種感官、心靈或是身體內部的刺激有關,還與當事人的潛意識或者主觀意識有不可磨滅的關係。

大腦如何釋放夢

白天的時候,我們的各種感官都要接受來

自外界的刺激，這些刺激產生的分泌物附著在我們的大腦裡。晚上當我們的身體處於休息狀態的時，大腦仍在工作，它要把一天裡接收到附著物進行篩選，沒用的就要釋放出去，像電腦一樣，硬碟裡的內容不能太多，這樣運行速度會很慢。

夢就是這些分泌物的刺激被釋放時候的產物。大腦將事件建模，而夢中的事件由神經刺激身體各器官，並產生一種類似真實發生的感覺。所謂的夢境，就是有真實發生的感覺。例如做夢奔跑，醒後確實氣喘、心跳加速，腿肌困乏無力，但無痠痛感，因為腿部肌肉確實沒有運動過，只是緊張收縮，不分泌乳酸。

我國自古有很多關於夢的研究，其中對於夢的成因有以下幾種說法：

第一種說法是：五臟氣盛，中國人自古認為人我們的夢是怎樣的要看五臟之氣，比如說，肺氣過旺的人就容易做哭泣、傷感的夢；肝氣過

旺的人則容易做生氣的夢。其實這些是有一定原因的，夢是身體白天收到的刺激所產生的反應在夜間睡眠時候的釋放，而刺激不僅僅源自外界，人體本身的健康變化也會對大腦產生一定刺激。肺氣過旺容易做悲傷的夢，因為五臟之中肺主憂愁，肺氣過旺就會使一個人會過於憂愁，這樣才會導致胸悶氣竭，呼吸不順，所以憂愁的情緒才會產生很多分泌物附著在大腦裡，這樣大腦在夜間就要向外分泌很多憂愁情緒的分泌物，所以肺氣過旺的人就會在夢中哭泣悲傷。同樣喜大傷心、怒大傷肝、思多傷脾、驚大傷腎，由此可知，五臟內各個器官的氣旺都會影響到夢中的場景。

　　第二種說法是說因為做夢的人雖然各個感官都處於休息狀態，但是並沒有完全失去感覺，如果你的耳邊有人在播放音樂，可能你的夢境中就會有音樂響起；又比如說你可能有如廁的想法，那麼夢中可能就真的在到處找洗手間。睡夢

中的人的各種感官產生的直覺都可能隨時的成為當事人夢中的場景。

第三種說法：生病導致了夢境的出現。人們常說精氣神好，這樣的人身體健康。而看起來無精打采的人，肯定是有什麼疾病，身體上的或者是心理上的。病懨懨的人總會讓你有一種六神無主的感覺。的確，生病的人氣虛血虧，很難打起精神，這樣的人在古代人眼裡是很容易被邪神入體的。邪神一旦入體，白天就容易坐立不寧，夜間就會睡眠品質不好，多夢不踏實。這種說法雖然有些沒有科學依據，但是在現實生活中卻最容易看到，生病的人的確會整夜睡的不安穩，並且時常做的都不是什麼好夢。

第四種說法是認為，氣血過旺也會導致夢的形成。氣血不足容易導致「邪神」入體，這樣會多夢不安，那氣血過旺為什麼也會產生很多夢境呢？這一點用現代的科學很容易解釋，前文已

經說過，夢是大腦對外界刺激產生的附著分泌物的一種釋放，氣血過旺的人，自然性情變化起伏比較大，這樣就會產生更多的分泌物附著在大腦裡，大腦夜間就要把這些都釋放出來，也就會產生夢。

最後一種說法跟陰陽有關。這種說法是說主夢的是人體內的陰陽兩種氣，陰氣象徵水，陽氣則象徵火。如果一個人陰氣過旺，那麼他夢中必然大水成災，反之，如果是陽氣過旺，那麼必然火勢凶猛；如果兩種氣都很旺，那夢中就會出現廝殺比拼的場面；如果兩種氣都很弱，那麼整個夢就會呈現出一片頹敗的場景。

其實古人的幾種說法，概括起來跟當今這個科技發達的時代對夢的成因的說明大致相同，即夢是身體對來自內部或者外部的刺激產生的附著在大腦中的分泌物被大腦向外釋放的一個過程，這個過程就是我們所經歷的夢。

25

夜裡夢境知多少
為你揭開意想不到的夢境之謎

　　凡是存在的事物就一定有存在的道理，夢也一樣，有自己的意義。如果有人認爲夢只是大腦的一種正常活動，像飛機飛過後雲彩的變化一樣捉摸不定，什麼也不代表，那該怎麼解釋：夢中的場景真切的發生在現實生活中呢？

　　就像《夢的解析》裡佛洛伊德說過的一樣，夢和現實是有聯繫的，有些夢就是現實的預兆。比如有一天夢到自己在上樓梯，看到綠色的圍牆。夢醒了你也許不會立刻知道夢裡的是什麼地方，但當第二天或者有一天你突然真的在一次上樓的時候看見了綠色的圍牆，這一切該怎麼解釋呢？就算不能說明夢真的像一個神祕深奧的密碼一樣傳遞給人們各種資訊，最起碼能證明夢不僅僅是一種大腦皮層上的微弱反映，而是在告訴我們一些訊息。這些訊息也許是對未來生活的一種

預示，比如在解夢學中夢見別人去世是一種吉祥的預兆；也許只是睡覺時身體對於外界刺激產生在大腦上的反應，可能你的腳露在被子外面，在夢裡你很有可能就會站在一池冰冷的水中。

我們的夢境是各式各樣、雜亂無章、千奇百怪、惟妙惟肖、活靈活現、真實又虛幻的。而夢境反應的圖像主要是與我們的心理活動及社會活動息息相關。

古代先民普遍地認為夢是夢者「與精靈、靈魂、神的交往」，是「神為了把自己的意識通知人們而常用的方法」。我國先民同世界上許多原始民族一樣，都是把夢看作是一種神諭的。中國傳統中醫學更從生理、病理角度探討夢的類型，認為夢是人體精氣的運動。《黃帝內經》解夢的主要觀點是：夢是人心身交互作用的結果，夢對人體狀況來說，主要反映在五個方面：一是反映生理機能狀況，如「腎氣盛，則夢腰脊兩解不

便。」二是反映本能欲望，如「客於陰器，則夢接內」。三是反映病邪致病的位置，如「客於肝，則夢山林樹木」，「客於脾則夢丘陵、大澤、壞屋風雨；客於腎則夢臨淵，沒居水中」等等。四是反映髒氣的盛衰，如「肝氣盛，則夢怒」。五是反映惡夢往往是重病、疾病症的先兆，如「少氣之厥，令人妄夢」。

在我們心裡，夢是我們心理活動的偽裝。它可以表達我們內心的願望與感受；男性與女性的交往會因為做夢而表達的心靈狀態；我們讀書或學習會因為做夢而表達出來的主觀思想與願望；所有的夢境影像都是在夢者個人的直接參與下進行的。

英國生物學家克里克，在英國《自然雜誌》文章中說：大腦貯存的資訊愈多，資訊在大腦神經傳遞就會紊亂，而做夢可以消除大腦中無用的多餘資訊，使資訊傳遞正常、迅速、準確，並使

腦力得以恢復。透過夢對資訊進行篩選、整理，把多餘的、不需要的資訊從大腦記憶庫中清洗出去，而使重要的資訊得以保存，必要的資訊被送往大腦皮質頂葉長期存貯下來，當那些不需要的資訊被投影到枕葉時，在腦中出現了各種生動的景象——夢。

這就是夢，不僅是大腦皮層在一個人睡眠時候的輕微反映，更多的時候是我們的潛意識，甚至是我們的靈魂在向我們傳達的一種訊息，一種告知，一種預示。

佛洛伊德的解夢理論

西格蒙德・佛洛伊德（一八五六～一九三九年），奧地利醫生兼心理學家、哲學家、精神分析學的創始人。佛洛伊德解夢理論主要集中在《夢的解析》、《精神分析引論》、《論夢》、

夜裡夢境知多少
為你揭開意想不到的夢境之謎

《精神分析引論新講》和《精神分析綱要》等作品中。

歸納一下，佛洛伊德的解夢理論主要包括以下各點：

一、夢是一種在現實中實現不了和受壓抑的願望的滿足。

在《夢的解析》中，這個欲望被佛洛伊德總結為「力比多」。「力比多」是把德語翻譯過來的唸法，指一切身體器官的快感。在佛洛伊德看來，「我」分為本我、自我以及超我，本我就是最本能的反應，因此欲望就不僅僅來自於「力比多」，它還受其他求生的本能、自我保護的本能等的影響。

二、夢分為願望之夢、焦慮之夢和懲罰之夢。

這三者實質上都是願望的滿足。我們清醒時、糊塗時所有的願望、擔憂或者做錯的事都會

在夢中出現。不過，佛洛伊德說創傷夢不是對欲望的滿足，這是欲望滿足理論的例外。

三、夢的材料和來源包括四個方面：做夢是前一天的殘念；睡眠中軀體方面的刺激；幼年經驗，兒童時的事情在成年後的夢境中反復出現；人類歷史經驗的累積，即人類在歷史活動中積累的經驗會流傳下來，並在夢中呈現。但是單獨的某一方面的材料形成不了夢，需要和壓抑的欲望結合才能形成夢。

四、佛洛伊德在《論夢》中說，夢的作用是維持睡眠，而不是影響睡眠。

五、夢的內容分為顯夢和隱夢。解夢是治療師利用患者對夢中意境的想像，揭示出隱夢的意義。透過稽查作用和夢的偽裝，隱藏的願望才能進入意識組成顯夢。

這裡的稽查作用是指使隱夢所包含的無意識衝動進一步偽裝和轉化成顯夢的內容。這種轉化

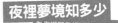

過程也就是做夢的過程。

六、強調象徵作用。對象徵的熟悉可以讓人很快地解夢。

佛洛伊德指出，象徵作用有時可以使我們省略詢問夢者這一環節而對夢直接進行解釋。做到這一點的前提是，我們要熟悉夢的象徵和夢者的相關情況和做夢前的情況，這樣我們才能直接解夢。象徵並不排斥想像，我們既要利用夢者的聯想，又要利用解夢者的有關象徵知識來彌補聯想的不足。例如跳舞、騎馬、登山、上樓梯為性高潮；糖果指性交的快感。

七、一個夢可以做出很多方面的解釋。比如同一個夢境，在不同的人腦出現，或者是在同一個人處於不同狀態時出現，都有不同的解釋。

八、夢是自我和本我的交戰。自我是人的本能體現，而人的本能往往要受到道德的約束，也就是經常被超我所禁止。所以我們可以在夢中看

到衝突的欲望。

　　佛洛伊德把夢的實質理解為：夢是一種願望達成，它可以算是一種清醒狀態精神活動的延續，是由高度錯綜複雜的智慧活動所產生的。他引用大量的夢的例證證明夢的意義在於願望的滿足。他指出，使願望在夢中得到滿足可用以維持精神的平衡，同時也是為了保護睡眠不受干擾。

33

　　佛洛伊德多次進行自我實驗，他故意吃很鹹的食物，控制飲水，在口渴的狀態下入睡。晚上夢見喝水，痛飲甘泉。他從夢中醒來確實想喝水。夢中的喝水可以緩解他的渴，他就不用醒來，睡眠得以保證。佛洛伊德認為這是一種「方便的夢」。

　　佛洛伊德年輕時，經常晚上工作到深夜，早

上貪睡而懶於起床。早上到來時，夢見自己起床梳洗，心理上有了交代，繼續睡下去就覺得心安理得。他還發現與他一樣貪睡的醫院同事裴皮的夢。有一天早上，裴皮睡得正香，房東太太喊道：「裴皮先生，快起床，您該上班了。」於是他夢見自己睡在醫院的某個病房裡，床頭牌號還寫著自己的名字，裴皮在夢中想，既然自己已經到了醫院還住進了病房，就一翻身又繼續睡覺。

　　有位朋友的妻子夢見來月經，請教佛洛伊德是什麼意思。佛洛伊德推測說她懷孕了，而她的願望是不要懷孕，所以在夢中月經如期而至。

　　另一位夫人夢見上衣沾滿了乳汁，佛洛伊德解釋她已有了一個孩子。這個孩子並非是第一胎，年輕的媽媽希望即將誕生的孩子比上一個孩子有更多的奶水吃。

　　一位年輕女人因終年在隔離病房裡，照顧患傳染病的小孩，許久沒有參加社交活動。她告訴

佛洛伊德，她夢見一大群人歡娛。佛洛伊德解釋說，她希望孩子的病早日康復，滿足她參加社交活動的願望。

佛洛伊德認為，不論是簡單的還是複雜的夢，本質上都是願望的達成。兒童的心理較之成人的單純，所做的夢也就單純，是通俗的白話文而不是深奧的象形文字。他說，就像我們研究低等動物的構造發育，以瞭解高等動物的構造一樣，我們應該可以多多探討兒童心理學，以瞭解成人心理。小孩的夢，是簡單明顯的願望達成，雖然它比起成人的夢顯得枯燥，但卻提供了夢的本質是願望的達成。雖然它比成人的夢簡單，但卻證明了人的夢的本質。因為兒童的夢簡樸、明白、易懂，它未曾化裝或很少化裝，有攝入靈魂的自然美。分析兒童的夢不需要任何技術。

一八九六年夏天，佛洛伊德和妻子、八歲的小女兒、五歲三個月的兒子，以及鄰居家十二歲

的小男孩一起去旅行。他的小女兒對鄰居家的男孩有好感，兩人玩得十分開心。第二天早餐時小女兒說：「昨晚我夢見艾米爾成了我們家的人，和我們一樣叫爸爸、媽媽，和我們同睡一個房間。媽媽進來，在每個人的枕頭下塞了一塊巧克力。」小女兒想讓鄰居家孩子成為永久的好朋友的願望在夢中得到滿足。

　　兒童的夢是願望的滿足，成人的夢也是如此，這點在文藝作品和日常生活中論據很多。施溫德作的名畫《囚犯的夢》，可被看作是夢的滿足的典型代表。囚犯想從視窗逃走，因為陽光從視窗射入牢房，將他從夢中喚醒。重疊而立在窗前的妖神，無疑代表囚犯攀緣上窗所應繼續站立的位置。站在頂端而靠近窗口的妖神的面貌，恰好和夢者面貌相似。

　　在解夢的過程中，我們會發現，夢不僅能用來滿足願望，還可以用來作啟發自己思路，認識

環境等多種用途。

不同流派的心理學家對夢有著不同的解釋。早期的一些心理學家認為夢沒有意義，而到了今天，這種觀點已不復存在。第一個提出對夢的全面解釋的是奧地利心理學家佛洛伊德。這是一位心理學界的偉人，他曾和馬克思、愛因斯坦一起，被譽為對二十世紀思想影響最大的三個猶太人之一。繼佛洛伊德之後提出的新的對夢的解釋，無不或多或少受到他的影響。雖然新的解釋往往反對和批評佛洛伊德，但是它們的產生也同樣是由於佛洛伊德夢理論的激發。這使得當今任何一本談夢的書，都不能不談及佛洛伊德對夢的解釋。

作為一名醫生佛洛伊德經常要治一些精神病

37

人或其他「腦子有毛病」的人。別人往往對這些人的話不屑一顧，但是他卻總覺得這些人的話也值得分析。比如這些人是一輛撞壞了的汽車，我們不正好可以看看汽車內部的結構嗎？如在車子完好時，我們還看不到它的內部呢！在這個分析心理有毛病的人的過程中，他發現夢和精神病有些類似，於是他又用科學的方法研究夢。

有一天，他終於發現了夢的祕密。他高興極了，高興得發出狂言，說：「在這個酒館裡應該豎一塊石碑，上邊寫上『某年某月某日，佛洛伊德博士發現了夢的祕密』。」

這話看起來夠狂傲的吧！可是現在心理學家們不覺得他狂傲，反而說他偉大。因為，他的確發現了夢的祕密。

佛洛伊德指出，夢的材料來自三方面：

一是身體狀態；二是日間印象；三是兒童期的經歷。

夢的材料來源於身體所受刺激，這是幾乎每個人都承認的事實。例如一個人如果餓了，在夢裡就會夢見吃飯；如果一個人腳冷了，就可能會夢見在雪地裡行走；如果一個人咽喉腫痛，就可能夢見被人卡住脖子，如此等等。

　　佛洛伊德雖然也同意身體所受刺激會影響夢的具體內容，但是他卻認為這些身體所受的刺激只是被夢作為素材使用而已，對夢的意義影響不大。按佛洛伊德的思路，我們可以舉這樣一個例子。清晨男性有小便便意時，陰莖會受刺激而勃起，這時男性也許會做性夢。按一般人的看法，這個男人夢見和女人性交的原因是，膀胱脹滿刺激引起了陰莖勃起。而按佛洛伊德的思路，可以這麼說，這個男性有性的願望才會做這種夢。如果這個男人沒有強烈性欲，即使陰莖勃起，他也不過是做夢找廁所而已。

　　白天經歷的事會進入晚上的夢，這也是很

多人都注意到的事實。假如臨睡前看了一場戰爭的影片，有些人在晚上就可能會做戰爭的夢。再如佛洛伊德自己的例子：夢中「我寫了一本有關某種植物的學術專論」，其來源是：「當天早上我在書商那兒看到一本有關櫻草屬植物的學術專論。」佛洛伊德指出：兩三天前發生的事，如果在做夢前一天曾想到，也同樣會在這天晚上的夢裡出現。但是，他認為夢絕不僅僅是白天生活中瑣事的重現。夢中，我們藉助白天的一些小事，目的在於用這些小事影射另外的更重要的心事。

佛洛伊德提出，那些清醒時早已忘記了的童年往事也會在夢中重現。例如，「有一個人決定要回他那已離開多年的家鄉。出發當晚，他夢見他處身一個完全陌生的地點，正與一個陌生人交談著。等到他一回到家鄉，才發現夢中那些奇奇怪怪的景色，就正是他老家附近的景色，那個夢中的陌生人也是實有其人的。」再如，「一個

三十多歲的醫生，從小到現在常夢到一隻黃色的獅子……後來有一天他終於發現到了『實物』——一個已被他遺忘的瓷器做的黃獅子，他母親告訴他，這是他幼時最喜歡的玩具。

佛洛伊德關於夢的一個重要觀點是，夢的唯一目的是滿足願望。例如，口渴時做夢喝水。夢可以滿足人的願望，這一點相信任何人都不會有異議。我們日常生活中，也總是把美好而又難以實現的願望稱為「美夢」，「夢想」。但是說夢的唯一目的是滿足願望，則並不是誰都能同意。一個人做惡夢被人追殺，難道是他內心地有被殺的願望嗎？佛洛伊德認為是的，所有的夢都是為滿足願望。

他舉例說，某女士夢見她最喜愛的外甥死了，躺在棺材裡，兩手交叉平放，周圍插滿蠟燭。情景恰恰和幾年前她的另一個外甥死時一樣。

表面上看，這不會是滿足她願望的夢，因為

她不會盼著外甥死。但是，佛洛伊德發現，這個夢只不過是一個「偽裝後」的滿足願望的夢。這位女士愛著一個男人，但由於家庭反對而未能終成眷屬。她很久沒有見過他了，只是在上次她的一個外甥死時，那個男人來弔喪，她才得以見他一面。這位女士的夢，實際上意思是：「如果這個外甥也死了，我可以再見到我愛的那個人。」

佛洛伊德由「夢是願望的達成」出發，推斷有些夢是「偽裝後」的願望達成，那麼，夢中為何要偽裝呢？說到這裡，就要講一下他提出的另一個重要理論了。

佛洛伊德認為人的心靈是由三個部分組成的，分別叫「本我」、「自我」和「超我」。每個人的心都是這三個「人」組成的小團體。

「本我」代表人的本能，它是我們心裡隱藏著的這麼一個人極端任性，像一個小孩子一樣不懂事。他貪吃好色，誰惹了他他就想報復；一點

涵養也沒有，只想怎麼高興怎麼來，不管別人怎麼想；要是依著他，他會無法無天地想做什麼就做什麼。

佛洛伊德說：不管你自己是否承認，每個人都有這個本我，有這麼一面。讓我們不自欺地想一想，你自己也一定有這麼一個本我：想為所欲為不受約束，貪圖享受，喜歡金錢美女。

當然，本我的欲望也不一定都是壞的，有時他只是喜歡玩玩遊戲，曬曬太陽。但是不容否認，本我欲望中有不少不道德的想法。

如果人只有本我，人們會不考慮未來，只想及時行樂，不講法律不講道德，完全放縱自己，這個世界將會一片混亂。

好在我們的心靈中，還有一個部分叫「自我」，自我是聰明的，知道一個人不能任意胡為。所以當見到一個美女時，本我雖然恨不得立即佔有她，但是自我卻不許本我這樣做。自我可能會

說：「慢慢來，讓我先送給她一支玫瑰，先贏得她的好感。」

佛洛伊德說，本我只求快樂，而自我講現實原則，他要看一個願望是不是現實，要考慮滿足自己願望的方法。

自我雖然也想一夜暴富，卻不一定想搶銀行，因為他考慮到這樣做後果堪憂——也許會被槍斃。

而且我們還有良心，良心也好像心靈裡的另一個人一樣，不過這是一個嚴厲的人。佛洛伊德稱為「超我」。超我像個員警，他像盯賊一樣盯著本我，不許他做壞事。

本我的欲望發洩不了，就只好靠幻想安慰自己，從而編一些美夢。咱們中國人常說的一句話是：做夢娶媳婦。不過本我這傢伙的欲望不僅僅是娶媳婦，有時候，他想把鄰居的老婆霸佔過來；有時候，他想有十個美女左擁右抱；有時候，他

想殺了總經理，奪取他的財產……有時候，他的想法壞得無法說出口。

這就惹惱了正直的超我，看到在心靈的世界裡，本我總是偷偷摸摸地出版一些不良書刊，超我不禁怒火沖天，決定採取書籍檢查制度，不允許壞書「出版」。

本我爲了躲過「書籍檢查」，只好故意把話說得含糊、晦澀、拐彎抹角，再用上些雙關語、行話等等，於是「書」終於騙過了檢查，得以出版，也就是說，進入了我們的意識。

夢就是這樣形成的。在睡著了以後，本我就開始了幻想，但是超我這個檢查官卻總在「檢查書報」，於是本我只好做僞裝。經過僞裝後的夢是夢的顯意，而它所要表達的意義是潛藏著夢的隱意。例如某男人夢見他妹妹和兩個女孩在一起，這個夢的顯意似乎是無邪的；而在隱意中，那兩個女孩則表示他妹妹的乳房。這個夢表示他

想看想接觸他妹妹的乳房，透過化裝，乳房變成了另外兩個女孩，使夢者可以去看而不受到道德的譴責。

佛洛伊德總結說：為了偽裝，夢採用了一些特殊的構造形式，或者說，一些特殊的騙術。佛洛伊德歸納為以下幾類：凝縮、移置、視覺化、象徵和再度校正。

凝縮，是把有聯繫的幾個事物轉化為一個單一的形象或單一的內容。

例如，某一女子夢見一間房子，它又像浴室，又像廁所，還有些像更衣室。而實際上，這間房子所指的是：「脫衣服的房子。」利用這個凝縮，夢說出了一句不能直說的話：脫衣服（以及和脫衣服相聯繫的性交）。

移置，指夢把重要的內容放在夢裡不引人注意的情節上。這有些像一個害羞的借錢者，他先和有錢人東拉西扯說好多話，然後好像順口提起

一樣，順帶說起借錢的事。

視覺化，指把心理內容轉變為視覺形象。夢好像一個黑社會的成員，他不能把黑社會聯絡的資訊寫在留言簿上。如果他寫上：「明天到翠華樓去，我們要和某幫打架。」那麼，員警就會也趕到翠華樓。於是，為了躲避員警，黑社會成員在牆上畫了一個咧著嘴拿著個木棍的小孩，頭上有一朵花，同伴看到後就明白了，而外人卻以為那只不過是小孩亂畫的。

象徵，指用一個事物代表另一個事物。例如，「所有長的物體如木棍、樹幹及雨傘表示著男性性器官，那麼長而鋒利的武器如刀、匕首及矛也是一樣……箱子、皮箱、櫃子、爐子則代表子宮。」一個小孩夢見「爸爸用盤子托著他的頭」，佛洛伊德解釋為這是指割掉陰莖。

當超我不小心讓一些不允許出現的內容出現在夢裡，本我就會透過一些話去努力減少這些內

容的影響。例如：在夢裡加上一句話「這不過是個夢。」再比如，改造夢的回憶，讓夢者對夢的一些「敏感性」的內容儘快遺忘掉。

佛洛伊德運氣不好，年紀好大了還沒被提爲副教授。有一次他總算被兩位教授提名爲副教授候選人。這天，一位朋友 R 來訪後，他做了個夢：「我的朋友是我的叔叔──我對他很有感情。我看見他的臉就在眼前，略有變形。它似乎拉長了，周圍長滿黃色鬍鬚，看上去很是獨特。」

佛洛伊德說：「R 是我的叔叔，這能意味著什麼？」他的叔叔是什麼樣的人呢？佛洛伊德告訴我們：「三十多年前，他爲了賺錢捲入違法交易，並爲此受到了法律制裁。」「我父親說他不是壞人，是被人利用的傻瓜。」因此，夢的第一個意思是，R 是傻瓜。

在實際生活中，R 早就被提名爲教授候選人了，但是卻遲遲得不到正式任命。佛洛伊德現在

也被提名，正在擔心自己會遭到 R 的命運。他在夢裡把 R 說成傻瓜，用意是安慰自己：「他是傻瓜，所以當不上教授。我又不是傻瓜，我怎麼會當不上教授呢？」

為什麼在夢裡他對 R 很有感情呢？佛洛伊德解釋，這不過是一種偽裝罷了。把人家說成傻瓜，良心上過不去，於是就裝出對 R 有感情來掩飾。

「叔叔是罪犯」又讓他想到，另一個同事 N 也是遲遲當不上教授，而 N 有男女關係上的問題。所以這個夢還有個意思是：「N 是罪犯，我又不是罪犯，我怎麼會當不上教授呢？」

佛洛伊德又解釋道：「夢裡我把兩位同事一個當作傻瓜，一個當成罪犯，仿佛我像部長一樣發號施令。」夢為什麼這樣做呢？「部長拒絕任命我為教授，因而在夢中我便占了他的位置，這就是我對他閣下的報復。」

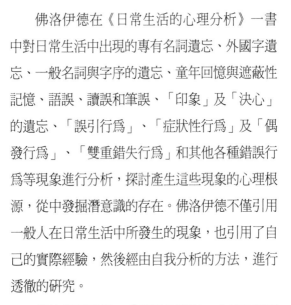

佛洛伊德在《日常生活的心理分析》一書中對日常生活中出現的專有名詞遺忘、外國字遺忘、一般名詞與字序的遺忘、童年回憶與遮蔽性記憶、語誤、讀誤和筆誤、「印象」及「決心」的遺忘、「誤引行為」、「症狀性行為」及「偶發行為」、「雙重錯失行為」和其他各種錯誤行為等現象進行分析，探討產生這些現象的心理根源，從中發掘潛意識的存在。佛洛伊德不僅引用一般人在日常生活中所發生的現象，也引用了自己的實際經驗，然後經由自我分析的方法，進行透徹的研究。

佛洛伊德說過：「遺忘的機制，尤其是想不起名字，或名字的暫時遺忘，都是當時出現的潛意識的一股怪思潮，阻撓了名字的有意再現。在被阻撓的名字和阻撓該名字的癥結之間，存在著

一種自始就有的關聯，或者是一種經由表面關係而形成的（也許是經過人為的方法）關聯。避免喚醒記憶中的痛苦，是這類阻撓的動機之一。」

在佛洛伊德的精神分析學中，童年生活經歷的遺忘問題始終都佔據很重要的地位。在歇斯底里症狀的研究和夢的解析中，歇斯底里症狀患者的病源多數是早已潛伏在童年生活的「痛苦」經歷中。而在夢中出現的許許多奇形怪狀的幻影也不過是童年生活經歷中那些被壓抑的因素的重視。

51

曾經有人說過，如果能詳盡地重現童年生活的內容，我們就可以對任何一個人的心理特徵和心理活動規律瞭若指掌。但是，可惜的是，童年生活的絕大部分內容都已從記憶的王國裡消失殆盡。只要我們仔細地回憶自己的童年，我們就會發現其中的絕大部分已經銷聲匿跡，而忘記的那部分又恰恰是對自己的一生具有重要意義的內

容。

　　按照佛洛伊德的觀點，童年生活中的絕大部分內容都被壓縮到潛意識中去，而那些能勾起痛苦回憶的部分就是被壓抑得最厲害的部分。然而，這些被壓抑的部分又最活躍、最不安分。所以，它們雖被壓抑在心理的底層，但要千方百計表現自己。意識對它們的自我表現企圖給予了嚴密的監督，以致使它們不得不以變態心理或夢幻的形式表現出來。

　　當佛洛伊德研究日常心理時，他又發現被壓抑在潛意識中的童年痛苦經歷，有時也可以片斷地、不成規律地、改裝地表現在日常記憶中。這是一種偶發現象，是在意識不備或注意力轉移的時候偶然表現出來的。

　　這一現象再次證明被壓抑在潛意識深處的童年痛苦回憶一刻也沒有停止活動。它們雖然在大多數情況下無法在正常心理活動中冒現出來，

但在偶然情形下，一旦有與之相關的心理因素出現在意識層面上（哪怕是只有一點點的連帶關係），又存在著其他有利於它們冒現的條件（如意識注意力的暫時分散等），它們就可以冒現出來。但是，即使在這種情況下，其冒現的程度也是極其有限的（只能是片斷的、破碎不堪的或甚至是被歪曲、被改裝了的）。意識絕不容許這些痛苦的童年經歷「肆無忌憚」地表現出來，因此，縱有偶然機會它們也只能零碎地表現出來。

《日常生活中的心理分析》一書中有這樣一個童年的遮蔽性記憶的例子，說明這一記憶所隱含的內在意義。

有位二十四歲的青年，夢到了一幕五歲時的情景：在花園的涼亭裡，他坐在姑姑身旁的一個矮凳上。她正教他認字母，他覺得自己很難分清字母「M」和「N」。所以他要求姑姑告訴他如何區別二者。姑姑說，「M」這個字母整整比

「N」多了一筆。這段完整的記憶意味著什麼呢？是不是表明這個青年從小就好學，而且即使到長大後也仍然有很強烈的求知欲，以致念念不忘早期學習的那段印象？可是為什麼他只偏偏記住了這一段？為什麼記得如此完整而清晰？就連這位青年自己也無法回答這些問題。

佛洛伊德認為，這段記憶遮蔽了童年時期另一個重要的心理，即兒童想要瞭解男人與女人的區別的好奇心。這種好奇心幾乎為大多數兒童所共有。顯然，這位青年在童年時也有這種好奇心。佛洛伊德說：「就像他想分清 M 和 N 這兩個字母一樣，後來他也想知道男孩和女孩究竟有何不同，真希望姑姑在這方面也能教教他。一旦他發現，兩方面的差別很相似──男孩也只是比女孩多了那麼一部分，他才記住了孩童時期的那種好奇心。」

正如佛洛伊德的發現，潛意識在生活中總會

時不時地冒出頭來，人在日常生活中也如同在夢中一樣經常發生潛意識的干擾性活動，這也就有力地證明了潛意識的原始心理活動是做夢心理和精神病發作的基礎，也是常態心理的基礎。

WHAT
DO
DREAMS
MEAN

夢裡心事知多少

02
Chapter

人的心理活動是神經系統高級部位——腦的功能。而夢則是心理活動的一個層面，並且人白天的一切心理活動都會影響到夜晚夢中的心理活動。因此，夢也是心理活動中必不可少的部分。

人的心理活動是一個十分複雜的大腦生理活動，它最基本的特徵之一，就是能夠反映人的情緒。情緒是人類最基本的對外界反映的特徵之一，它是人類大腦神經生理反應與「意識」整合時產生的。當外界的反應衝動從神經系統帶回向大腦皮質擴展時，心理過程便滲入了情緒色彩。

人白天心理活動中的情緒，在夜晚的夢中也同樣反映出來，正如人們常說的「日有所思，夜有所夢」。夢的內容千奇百怪，夢中人義憤填膺，或焦慮不安，或沉浸在幸福甜蜜之中。經過不少科學家長期的研究，一般認為，夢是有一定精神

基礎和物質基礎的。它是人類精神活動的一種方式，是現實生活中內容的折射與反光。

人的心理活動都在夢境中表現出來，只不過這種心理上表現有點經過變形而展現於人的夢中。研究表明，情緒與夢境有關。例如喜者多夢歡樂愉快；怒者多夢焦躁不安、憂者多夢心緒不寧；悲者多夢悽楚哀怨；驚者多夢驚心動魄、惶恐膽怯；信鬼神者，多夢妖魔鬼怪；夢境雜亂混沌者，心中多不安與擔憂。還有一些夢與個人願望、思想活動有關，這些思維的痕跡已深深地印在腦海裡，睡眠時又重新反映出來。

夢可以起到「安全閥」的作用，也就是說，如果在睡眠中，人類身體衝動得到發洩，醒後就會約束自己的言行，能更好地適應現實的困難和處境，如果不讓某人在睡眠中做夢，這個人就會在白天表現出異常言行，甚至產生犯罪危害社會的表現和行為。

夢，實際上是自己演給自己看的戲劇，就像一個人在自己觀看電視一樣，他總會去找那個自己最喜歡的看，他看的內容多多少少可能與這個觀看者有些類似或是他嚮往的地方，這正是你心理上或心靈中發生反映的結果。一個人可能在自己的夢裡找到自己，夢雖然是假的，卻不會欺騙你。

　　人在做夢的時候，大腦皮質是在極低水準下工作的，對事情的分析有時是錯誤的，記憶中也可能充滿著缺陷或殘缺不全。所以夢中的自我同現實中的自我有時看起來是分割的，沒有連續性。但作為同一個大腦，有的心理學家認為，夢中的自我仍然在關心著白天的事情，不過只是用了不同的方式來看待這個問題而已。人在夢中，是以一種奇特而複雜的生活回憶著他的過去和預演著未來。

　　所謂發現現在的自己，在心理學上稱為自

我，也就是意識當中的自己，我們稱爲「清醒我」。當然，現今心理中的是自我，但是，在心理學上，我們所要探測的心靈，比現在這層自我更加深刻。

由於潛意識被壓抑在內心深處，被封閉起來，所以平常人們無法發現它。它存在的證據是，當壓抑的力量薄弱時，這個無意識的心靈就會來到有意識的世界。人在睡覺時，自我壓抑力量較弱，無意識的心靈便容易浮上意識層面。這正是表現在夢裡，所以夢是平常自己壓抑著的另一面。

夢是一種奇妙的心理現象，雖然身體處於睡眠的狀態，但腦海裡，卻如同清醒般地拼命思考著。現實生活中不可能發生的事情，在夢境裡卻都有可能實現。雖然是做夢者本身自導自演，觀眾也僅限於本人，但每一次卻仍有新的劇情發展。讓人不可思議的是，幾乎所有人在起床後不

久，就無法完全記得做夢的內容。因此，做夢是否為我們心靈的自身心理生理上的需要，就成為科學家們的研究焦點。

另外，研究人員也嘗試別的實驗，就是把睡到一半的實驗者突然叫醒，唯一區別的是，這一次是在他尚未產生夢境便打斷其睡眠。同樣觀察他們在白天的行為，則沒有發現較異常的變化。

眾所周知，夢是「看」的東西。在清醒時的感情可由言語、動作行為來表現，但在夢中有情感表現，就只能「看」。它常是由欲望、恐懼、愛情、嫉妒、矛盾等因素糾結的部分組成。

人在清醒的時候，常能以較冷靜、理性、明確的態度處理自己的感情、壓抑自己的行為。但在夢境裡，那種抑制力在降低，因而會做出平時不敢想像的行為。因此，夢扮演著將自己心底真實的情感，轉化成為一個視覺影像，再傳達出來的角色。由於夢境裡全然是視覺化的影像，因

此，我們則可能透過心理分析著手，來發現「睡夢我」心靈底部的真實意義。

在對夢的研究過程中，人們發現夢具有心理平衡作用。人們平時被壓抑的個性會在夢中得到釋放，現實中無法實現的願望也能在夢中得到滿足，這在一定程度上能夠緩解人們的心理壓力。也就是說，夢的心理意義在於補償，透過夢，潛意識可以指出或補充意識活動的不足，使精神活動更加完善，也更加充實，從而使整個心理功能趨於穩定。

心理學家榮格也肯定了夢的心理補償作用，這是一種內在的自我平衡調節系統。比如，很多心理醫生在臨床實踐中會發現：幸福的人常做悲傷的夢，閒適的人常做緊張的夢，抑鬱的人常做

快樂的夢，滿足的人常做失落的夢。榮格認為，夢的作用是補償，如果一個人的個性發展不平衡，當他過分地發展自己的一個方面，而壓抑自己的另外一些方面時，夢就會提醒他注意這些被壓抑的方面，完善、充實人們的精神世界。這樣的夢將會有利於人們的身心健康，能使心理及行為更為趨於和諧。

例如，當一個人過分強調自己的強，不表達自己的弱，即他只表現自己的強悍、勇敢的氣質，而不承認自己也有溫情，甚至軟弱的一面時，他也許就會夢見自己置身於某種令人手足無措、異常驚恐的場景裡，這種夢境就是對他的個性的平衡。

夢對人腦的調節作用主要表現在兩個方面：一方面，舒緩平和的夢境可以幫助人們調節清醒時緊張忙碌的心理狀態；另一方面，覺醒時某些不能得到滿足的欲望可以在夢中實現。相應的，

如果人們無夢或者少夢，那麼可能會出現兩種情況：一方面，白天的緊張情緒若不能透過做夢得以修復，那麼長期緊張的狀態會導致人的心理崩潰；另一方面，人們會因為累積過多的難以實現的欲望而飽受折磨。所以，哲學家尼采所說的「夢是白天失去的快樂與美感的補償」正是對上述理論的精煉概括。

具體來說，由於人在夢中以右腦活動佔優勢，而覺醒後則以左腦佔優勢，在身體二十四小時晝夜活動的過程中，清醒與睡夢的狀態交替出現，可以達到神經調節和精神活動的動態平衡。因此，夢是協調人體心理世界平衡的一種方式，特別是對人的注意力、情緒和認識活動有較明顯的作用。

夢是大腦調節中心平衡身體各種功能的結果，做夢也可以維持大腦的健康發育和正常思維的發展。做夢能使腦的內部產生極為活躍的化學

反應，使腦細胞的蛋白質合成和更新達到高峰，而迅速流過的血液則帶來氧氣和養料，並把廢物運走，這就使得本身不能更新的腦細胞會迅速更新其蛋白質成分，以準備來日投入緊張的活動。所以，可以說，做夢有助腦功能的增強。

腦中的一部分細胞在清醒時不起作用，但當人入睡時，這些細胞卻在「演習」其功能，於是形成了夢。夢給人痛苦或愉快的回憶，做夢鍛煉了腦的功能，夢有時能指導你改變生活，還可部分地解決醒時的衝突，將使你的生活更加充實。

做甜蜜的美夢，常常會給人帶來愉快、舒適、輕鬆等美好的感受，使其頭腦清醒、思維活動增強，這有助於人的消化和身心健康，對穩定人的情緒、促進和提高人的智慧活動能力、萌發靈感和創造性思維都有所裨益。

上述理論也可以用來解釋現實生活中很幸福的人為何常常做糟糕的夢：人的擔憂多半來源於

消極的自我暗示，總是認為自己現在擁有的東西可能會失去，認為自己隨時會「出事」，心理學家把這種自我暗示看看成一種自我預言，因為很多抱有此類想法或經常做這類夢的人最後可能真的會「出事」，但這「事」絕非是夢惹的禍，而是人自身不斷重複暗示的結果。

所以，改變一個人對夢的解釋，在解夢時自己安撫自己，儘量以合理、積極的態度去認識夢境就可以改變夢給人帶來的心情。

67

✦ 夢中的自我到底是誰

自我是一個人潛在意識的原形，現在正被個性發展的需要所疊加。人有一種盡可能排斥獸性和陰影的傾向，然而人格完整的祕密深深隱藏在自我之中。人的潛意識和未來密切相關，做夢者可能第一次在夢中看到一種使之振奮的自我形

象，這種形象可能會成為自我完整的個性的象徵。

夢境，是你本身自我心靈中的一個舞臺，因為心靈中的奧妙只有自己才清楚。做夢的大腦與白天清醒時的大腦是同一個腦子，只不過是有左右腦的區別而已。在這個夢中舞臺上，登場人物中可能每個角色都是你所認識的，都是你所熟悉的人。然而，也有完全不認識的陌生人，也有些是曾見過卻叫不出名字的人。

重要的是，做夢者是決定誰出場誰不出場的人物，即使是不具任何意義的小角色，也必須由做做夢者來決定。換句話說，夢中的登場人物不僅具有深層的意義，而且所演出的或令人驚心動魄，或扣人心弦的故事，大多與個人過去的經歷，現在的體驗以及對未來的設想有關。

大多數夢都具有一定的象徵性和隱喻性，描述了做夢者生活中人際關係的某些重要特色。夢

中雙關語是重要的資訊，而且由於多是視覺雙關語，很容易明白。不過有些雙關語或隱喻就沒有那麼簡單了，要透過更多的發問才能發現它真正的意義。

隱喻性的思考方式對於瞭解夢的真正隱含資訊有關鍵的效用。如果你確能欣賞並把隱喻看成一種表現風格，那麼你就能比較靈活的解解夢境。當一個人運用智慧解破夢中的隱喻或雙關語時，獲得的樂趣本身就是夢境體驗的收穫。心理分析的目的，就在於去發現隱喻與雙關語的意義以及夢中象徵動作的意義，並利用它們對今天的生活產生積極的影響。

夢是大腦的潛意識和意識兩個層面之間的對話──它們很微妙地講著不同的語言。儘管有意識的大腦可能認為自己已經理解了潛意識在夢中說的話，但事實上它像一位缺乏經驗的翻譯那樣，經常未能準確地理解和解釋那些語言真正的

含義。爲此，我們要想做好自我心理、心靈的翻譯，就要深入瞭解夢的表現形式。

✦✧ 夢境與情緒象徵

夢是人的情緒舞臺。每當白天的活動結束後，人對這些活動的感受並沒有結束，而是留待夢中分解。夢境所表現情緒的好壞，將會影響第二天起床時的心情：是去迎接世界給我們的挑戰，還是逃避出現在我們面前的困難呢？

有實驗表明，夢以兩種方式表達情緒：第一種是漸進式，其中的夢景由一個走向另一個，做夢者在其中總是取得最後的成功，即使是從壞事開始；第二種是重複式，夢景也由一個到另一個，但每一個夢景都有某種相似性，做夢者總是擺脫不掉不愉快的情緒夢。

在白天，我們的情緒可以盡情地表現或發

洩，而夢中的我們採用什麼手段來表現自己的情緒呢？夢中的情緒是經過了加工的，多採用象徵、誇張以及其他方式來表現的，雖然與白天的實際情況可能在具體形式上有所區別，但夢中的情緒卻和白天的情緒大多在本質上保持著一致性。

另外，還存在另一種情況，某些人在現實生活中可能會有一些不符合自己道德觀念的情緒，白天，他們無法把這些情緒正常表達出來，於是便會透過夢境來傳達，這些情緒在夢境中有時候可能表現得非常明顯，有時候卻需要透過隱晦地象徵方式。

例如，生活中的酸甜苦辣影響著人們的情緒，人難免會有喜怒哀樂，但是在現實生活中，我們的情緒可能無法得到有效的宣洩。比如，一個人與他人發生矛盾時，可能會爭執幾句，絕大多數的人迫於外界環境，為了維護自己的形象，

雖然生氣但可能也只是發發牢騷作罷；但在夢裡，他們便可能與人爭吵、怒罵甚至打鬥，這種憤怒的情緒與白天的怒氣是一致的。

再比如，一個人夢見自己的奶奶去世了，她十分悲痛。做夢者在白天確實接到過家人的電話，得知奶奶生病的事實，於是她晚上做了這個夢。正常來說，這個夢可以理解為她擔心奶奶會因病去世，如此來看，夢中的情緒反應的應該是她真正的情緒。她因這個夢焦躁不安，即使獲知奶奶病情好轉之後依然非常痛苦，於是她去向心理醫生尋求幫助。心理醫生在與她交談的過程中發現，這個人與她的奶奶關係非常不好，因為一些事情雙方積怨很深，所以，在她奶奶還未去世的情況下，她的這個夢可能隱含著她希望奶奶死去的想法，並且她也正是因為意識到了這一點，所以承受著自己對自己的道德譴責，並感覺到不安與焦慮。如此看來，一個人夢中的真正情緒也

可能是隱晦的、婉轉的，是需要深入挖掘的。

　　科學家將做夢者夢中的情緒在一定範圍內作過記錄和統計，主要形式包括這幾種：憂慮，包括恐懼、焦慮和迷惑；憤怒和挫敗感；悲傷；快樂；激動，包括驚訝。其中憂慮的情緒占絕對優勢，比例爲百分之四十；憤怒、快樂和激動各占百分之十八；悲傷最少，占百分之六。所以，夢中的心態百分之六十四爲消極的或不愉快的（憂慮、憤怒、悲傷），而積極愉快的（快樂），僅占百分之十八。

　　另外，夢的形成與人們的思想觀念和心理狀態及體驗等心理活動的關係最爲密切。根據臨床觀察，心情平靜則夢也平淡寧靜；心情緊張不安則夢也恐怖可怕；心情鬱悶則多做煩惱的夢。總之，夢常常能夠體現夢者的情緒和心態。

夢反映做夢者的矛盾心理嗎

內心的矛盾常常出現在一些恐懼的夢或焦慮的夢中。火車就要開了，你急著要趕車，但是就是跑不動。有人追你，你要逃走，但是就是跑不動。惡鬼來了，你想搏擊，但是手卻抬不起來……這是一種很可怕的感覺。

佛洛伊德早就指出，這種夢反映著夢者內心中的矛盾。

他心靈的一部分想逃脫，想趕上火車，而心靈的另一部分卻不想逃脫，不想趕上火車，這時就會出現想跑跑不動的情況。同樣，遇見鬼動不了也是因為心靈的另一部分不想動。

總是如此嗎？這不敢保證，但是我們遇到的這類夢境總是如此解釋。動不了是由於內心矛盾。

例如一個女孩夢見同班一男生持刀沖過來，她想跑卻跑不動。為什麼，因為她一方面害怕那個男生會「襲擊」她，另一方面卻又希望他能「襲

擊」她。

在夢中做什麼事總是做不成也往往反映出內心的矛盾。例如前面引用的榮格所說夢例：一個校長夢見趕火車時，不是這個忘了就是那個丟了。最後好容易出了門，路上又走不動。原因是他內心中有另一個聲音告訴他，不要這樣急於追逐名利。

有一個女孩，提供了這樣一個夢例。「黃金週」假期中她原想去男朋友那裡參觀牡丹花，但終未成行。結果「黃金週」後她經常夢見自己不遠千里去找男友。總是歷經千辛萬苦，夢見自己清晰地見到男朋友學校的校門，但不知為什麼總見不到他。於是拼命撥電話到男友的寢室，但是男友不是去上課就是在很多人的大操場上踢球；反正就是見不到他。接下來又夢見男友到她住的地方來，打電話說他到了，但當她急急忙忙去接男友的時候，卻又在約定的地點找不到人了。

這種一直無法見面的夢的意義代表什麼呢？這個女孩透過最近的心理變化，找到了夢的答案。她說：「我自己急於見到他，向他說明一些誤解，所以總是夢見去找他。但我又唯恐見到他，他不能原諒我，不能冰釋這些誤解，所以夢中無論如何努力總也見不到他，是潛意識中害怕見到他。」

這種又想見又怕見的矛盾，就引出夢見去找但是找不到的情節。

還有一種情況，走不動代表一種否定。

佛洛伊德有這麼一個例子：

「我因為不誠實而被指控。這個地方是私人療養院和某種機構的混合。一位男僕出場並且叫我去受審。我知道在這夢裡，某些東西不見了，而這審問是因為懷疑我和失去的東西有關。因為知道自己無辜，而且又是這裡的顧問，所以我靜靜地跟著僕人走。在門口，我們遇見另一位僕

人，他指著我說：『為什麼你把他帶來呢？他是個值得敬佩的人。』然後我就獨自走進大廳，旁邊立著許多機械，使我想起了地獄以及地獄中的刑具。在其中一個機器上直躺著我的同事，他不會看不見我，不過他對我卻毫不注意。然後他們說我可以走了，不過我找不到自己的帽子，而且也沒法走動。」

這個夢中細節的意思，我們已經無法破譯。因為佛洛伊德沒有說明做夢者當時的具體情況。但是我們仍可以看到，這個夢如同一部歐・亨利式的短篇小說，在結尾處突然翻轉。在夢的前邊，他一直自認無辜，而且僕人也認為他無辜，甚至審查者最後也相信了他無辜。但是，在他可以走了的時候，他的「有罪」卻使他走不了了。

因此這夢的意思正是：儘管人人都以為你無辜，你也自以為無辜，但你不是。

說到底這仍是一種內心矛盾，內心中一部分

夜裡夢境知多少
為你揭開意想不到的夢境之謎

認為自己無辜，而另一部分反對。

費慈・皮爾斯是完型心理治療的創始人，他發展出優勢者對抗劣勢者的觀念。安・法拉戴在詮解夢的時候，把這些觀念做了進一步的發揮，並加入祕密破壞者的觀念。

簡言之，皮爾斯把我們心中權威命令「應當」做的事，視為優勢部分——無懈可擊的完美主義者。如果我們憑著衝動，正要做出某些不「該」做的事時，這一部分則會正告我們，將會發生可怕的結局。例如，一個人一方面在用功讀書，另一方面又想去溜冰。她夢見不去溜冰實在是虛擲寶貴光陰，而做這個夢的那段時間裡，她正處於「認真讀書」的痛苦衝突中，那優勢的部分威脅：「如果妳膽敢去溜冰，那麼未來投身科技領域的生涯規劃將付諸流水。」她相信優勢部分的命令，也就是說，如果她把精神放在溜冰上，就不可能完美。她很害怕即使稍微心動，隨

便去溜個冰也將前功盡棄，成為一名不入流的溜冰藝人。她的重要個人需求——讓精力與創造力有個宣洩管道，遭到強烈否定。而她人格中的另外部分則化身為劣勢者。

而她的心聲卻說：「我要溜冰！」在她遠離運動的日子裡，這個念頭經常出沒。一到晚上，這個劣勢部分就以做夢的方式嘲弄她，在冰地上愉快滑行、舞蹈。劣勢部分代表著遭到優勢部分打壓的基本需求，它會自行反抗，甚至以打擊優勢部分而滿足自己。

法拉戴所謂的神祕破壞者，可能是優勢部分，也可能是劣勢部分，他們以神祕的方式在夢中讓我們受挫。如果夢中事情遭受挫折，你可以把這個破壞者擬人化，問他為什麼安排暴風雨，把你的車子吹離路面。假如你錯過班機，遺失錢包，觸不到近在咫尺的人物，那就是祕密破壞者在夢中作怪。如果它對你提出的問題有了回應，

而且是用強烈批評性的口吻，要求你應該如何如何；假如你不聽，它又警告你將會有如何如何的災禍。那麼可以確定，這是優勢部分的誇張演出，正在反映你的生活中的困擾。

反之，如果祕密破壞者語多抱怨，自認受害，搖尾乞求優勢部分放它一馬，那麼，這種抱怨會破壞你的意向，不讓你遵守優勢部分要求的，正是你的劣勢部分。

夢中的心靈感應現象

夢與心靈感應的關係引起了研究者們的濃厚興趣。很多人都可能曾經有過這樣的體驗：這個場面或事件似曾相識，可在現實生活中自己並沒有這樣的經歷，其實，這是發生在夢中的體驗。

比如，某中年男子病情急險的時候，他遠在海南上大學的弟弟，多次來電話詢問家中是否

有什麼事情發生，家裡人為了不影響他的學業，告訴他沒有什麼事情發生，可他覺得心裡非常難受，總是覺得家中有什麼事情隱瞞著自己，放假後他才知道當時哥哥病重的真相，他說當時心裡有一股難以忍受的痛苦，預感到家中有什麼重大的事情發生。

諸如此類的案例還有很多，這種現象常發生於有血緣關係的親人或相愛的情侶之間，在雙胞胎之中發生的頻率更高。

一九六〇年，約翰先生和他的太太鐘斯還在英國工作。一天晚上，鐘斯做了一個奇怪的夢：她在房中熟睡，突然聽到有人在呼喚自己，她努力使自己清醒起來，分辨出那是她的雙胞胎弟弟湯姆的聲音，於是她睜開了眼睛，看到湯姆正站在離自己不遠的咖啡桌旁，還穿著飛機駕駛員的制服，但令她驚恐的是，湯姆的臉上一片空白，沒有眼、耳、口、鼻。鐘斯很害怕，正在這時，

湯姆的身影搖晃起來，並漸漸地遠去，直到毫無痕跡。

　　鐘斯被嚇醒過來，很長時間她無法確定那是不是一場夢，直到她的丈夫也醒過來並安慰她。當時，湯姆正在紐約經營包機服務事業。第二天，鐘斯趕緊給家裡打了一個電話，得知家中並沒有什麼事情才安心。兩年之後約翰和太太回國，鐘斯和弟弟聊起了那個夢，沒想到湯姆大驚失色，告訴她大概兩年前自己確實經歷了一次危險的飛行，當時他的雙擎飛機的兩個引擎都壞了，飛機向下猛衝，在即將墜地的時刻一個引擎突然發動，這才倖免於難。

　　這就是心靈感應。心靈感應屬於超心理學的範圍，現代超心理學研究認為，心靈感應有兩層意思，一種是預言性的心靈感應，即做了夢，在後來的某時某地竟發現一種現實景象跟該夢中出現的景象一模一樣，這種現實景象就是預言性的

心靈感應；另一種就是在時間上夢中的景象與現實某處發生的景象完全吻合的心靈感應。

夢的預示作用，其實就是對我們未來生活的一種預演，它讓我們先在心理的層面上對未來的生活有一個準備。作爲生命運動中的物質性和統一性的客觀存在，心靈感應（或心靈傳感）現象是與生俱來的，是人自身潛在的智慧，是絕大多數普通人的潛能並非極少數人才有的天賦。而後天的特殊開發，都可以使人們具有這種心靈感應的功能。

一些透視夢在預見或者預示未來事件時很明顯，另一些夢則傾向於以象徵的、隱晦的形式來表現這種資訊。這些夢中確實有特異功能的影子，有時這些資訊甚至非常完整，但你常常需要非常仔細認真才能發現它。

曾經有這麼一個事例：一個十八歲的婦女做過這樣一個夢：她母親睡在起居室裡的一張折

疊床上，她則睡在毗鄰的一間臥室裡的某個位置上，低頭看著一位好朋友的屍體躺在那張折疊床上，什麼東西都很準確。她和母親都以同樣的姿勢站立著。她說：「她是我最好的朋友。」

做夢之後剛剛一個月，不幸的事發生了。但是和夢中的情況恰恰相反，那位好朋友沒有去世，而她的母親卻在睡覺時心臟病發作去世了。後來她的朋友走進屋子，她們各自站在和夢中一樣的位置上——她以同樣的聲調說出了那句話。

佛洛伊德認為，古老的信念認為夢可預示未來，也是有一定道理的。榮格曾說過：「這種向前展望的功能……是在潛意識中對未來成就的預測和期待，是某種預演、某種藍圖或事先匆匆擬就的計畫。它的象徵性內容有時會勾畫出某種衝突的解決……」

夢的預示作用越來越真實地顯現在人們的面前，儘管在夢學的悠悠發展史中，人們及一些科

學家忽略甚至否定了這種作用的存在，但是，越來越多的心理學家與生理學家在長期的探索中，以無可爭議的科學實事和夢例肯定並解釋了夢的這種預示作用。

夢的心靈感應的另一個內容就是夢與現實事件發生的「共時性」，也就是說是「有意義的巧合」。

雖然心靈感應的原因尚未查明，但是這一現象還是不難理解的。必定是腦內有一種特殊的感知能力，借助這種能力，人接到了遠處人或物發出的資訊，並且把這種資訊轉化成夢。

夢的心靈感應現象常發生在相互關心、熟悉的人之間。曾有國外的研究者發現，心靈感應最明顯的是孿生姐妹或姐弟，當其中一方遭到不幸時，另一方常有典型的同樣部位的不適感或夢中心靈感應。沒有血緣關係的夫婦也會有心靈感應的夢，在長期的身心共同交流的生活過程中，彼

此相互產生了心靈上的共鳴，因而會產生夢中的心靈感應。

雖然夢中的心靈感應反映了特異功能的資訊，但是有時它又歪曲了這些資訊。有象徵性的夢中，歪曲的過程甚至更加巧妙。

儘管有許多例子已經表明夢可以預示未來的事或心靈感應，但我們還是應該對這類事抱有求真務實的態度；我們在相信這些神祕體驗的事實的同時，要從科學的角度與範疇去解解夢的真正含義，有的目前我們不可能盡善盡美地解說，但我們可以放在以後的歷史中，讓後來的人們去研究和探索。即使這些神祕的體驗真的存在，也不能證明宿命論和有神論的觀點。

從目前的科學研究結果來看，夢中的心靈感應是人類的一種自身存在潛能與天賦，它並不是少數人的本事，透過後天特殊的訓練與開發（如氣功等）是完全可以人人都能達到的。並且夢的

預示功能也許就是愛因斯坦所說的四維空間的一種效應，其實質就是人腦的一種潛在功能。若按照中醫天人相應的觀點來看，這些神祕的體驗無非是天人相通、天人相應的一種具體表現罷了，並沒有什麼神祕性可言。

夢都是自私的嗎

夢是大多數時候都有自己在，但是也有少數時候夢裡沒有自己，好像在講別人的事。不知你有沒有過這種夢。夢裡你像看電影一樣，看別人在東忙西忙，或者乾脆你就夢見看電影，一大段夢全是電影。

87

其實那全是在說你自己的事，電影的故事也是在說你的事。十有八九那主人公就是你的化身，當然也可能電影是某一個配角是你的化身，但是那可能性較小。因為誰不願意做主角啊！在

生活中做主角不容易，但是在夢裡反正沒人和你爭，你何不做做主角。

這樣說究竟有什麼證據呢？當然有，根據就是每次有人講完這樣的夢，解夢師都能找出那個人物實際上是他自己的象徵。有人說夢裡我不是在看電影嗎？怎麼同時又成了劇中人？實際上這一點也不奇怪，這就叫「客觀地看自己」，是自己的一部分看另一部分，或者，是現在的自己看過去的自己，就好像一個人看自己的錄影帶一樣。你有沒有過這種夢，一開始是看電影，看著看著，你變成了電影中的一個人了，如果你有過這樣夢，你就應該懂得我的話了。你後來變成的那個人，從一開始就是你自己。電影就是你的內心生活的真實反映。

很多心理諮詢師會在電話諮詢時，經常遇到這種情況；某個人打電話說她的一個朋友有某種心理問題，問應該如何解決。在這種情況下，

多數心理諮詢師都不會去讓那個朋友親自來，因為誰都不願承認自己有心理疾病，往往會借「朋友」的名義來掩飾。

解夢師都會自然地詢問一些常規的問題，如你的朋友年齡多大了？她的家庭是什麼樣的？她的工作如何？慢慢地，諮詢師會隨意地省略主語並問一些只有這個心理問題的人自己才能回答的問題。比如，是不是早晨起來時心情最好？或者，忍不住要不停洗手，那麼在外邊沒有水的地方呢？不洗心裡什麼感受？這時諮詢者就會不知不覺忘了她是在談「朋友」的事，而漸漸地融入了諮詢師所創造的聊天氛圍內，一點點說出自己的心事。

夢中由「看電影」變成自己參與，由電影中的人轉為自己，這個過程和一開始掩飾自己的身份，在取得信任之後再說出自己的問題的情況是一樣的。

有一個女孩子的夢非常具有典型色彩。她和男友戀愛，遭到了父母的反對，於是在夢中，爸爸媽媽被姐姐送到精神病院去了。爸爸把自行車鎖弄開，和媽媽，還有「我」一起逃走了。

一開始似乎說的全是爸媽姐三人的事，爸媽被送到精神病院，而逃走時也只需要他倆逃走，為什麼突然加上一句「還有我」呢？說穿了，前面用爸媽代表男朋友和自己。被關的畢竟還是她自己。說著說著，夢就把實話說出來了「還有我」。這個夢講的是自己而不是講爸媽和姐。

還有些夢，雖然是有自己在場，但所涉及的事，卻與自己關係很小，是一些國家大事甚至國際上的事件。例如墨西哥爆發 A 型流感的時候，有人夢見他變身成為記者去寫報導。然而，事實上，他一直在擔心自己在國外的親人患上 A 型流感，希望儘早知道消息。寫報導是新聞和消息的象徵，代表著第一時間的意思。

再如美國選舉總統的時候，有人夢見自己到了美國，見到了歐巴馬，為他投上了寶貴的一票。不要以為這是他們在潛意識裡關心國家國際大事，不是的，潛意識只關心自己的事。表面上他會顯得關心別人的事、國家的事，實際上他不過是把這些事作為一個比喻，用來說自己的事罷了。比如那個支持歐巴馬的人，他自己夢醒後解釋自己的夢時，說自己的確很關心這件夢，而且對歐巴馬十分支持，他認為這個夢只是這種關心新聞時事的表現。而當他找到解夢師分析後則發現：他喜歡一個女孩子，這個女孩子好像對他也有好感，於是他想去像這個女孩表白。他支持的只是那個女孩子，而不是歐巴馬，潛意識只是在關心自己的愛情，而當時歐巴馬確實經常被曝光，有很多支持者，這代表的是偶像的意思。

　　在夢中，潛意識就是那麼自私。我們知道，自私就容易隱藏一些祕密，所以有些夢不要只看

表象，這就是夢的象徵給我們提出的難題。

☆ 夢可以輔助心理治療嗎

　　心理治療又稱精神治療，是以良好的醫患關係作為橋樑，運用心理學的技術與方法治療病人心理疾病的過程。簡單的說就是：心理治療是心理治療師對人的心理與行為問題進行修正的過程。

　　心理治療與精神刺激是相互區分的，是相對立的。精神刺激是用語言、動作給人造成精神上的打擊、精神上的創傷和不良的情緒反應；心理治療則是用語言、表情、動作、態度和行為向對方施加心理上的影響，解決心理上的矛盾，達到治療疾病、恢復健康的目的。

　　利用夢進行心理治療由來已久，在兩千多年前的古希臘就已經出現了最早的夢的分析治療診

所，但是，把「夢」作為心理治療的素材，把「夢的解析」引入心理學領域，並開創了一種新的心理療法的是精神分析學大師佛洛伊德。

自佛洛伊德創立夢學系統知識以來，運用解夢來進行心理治療開始得到普及。佛洛伊德首先在心理治療中給了夢很高的地位，繼而榮格又在心理治療中提到瞭解夢這一方式的重要意義，今天的心理諮詢與治療中運用的解夢技術和理念多半源自這兩位心理學大師。

做夢就像一種自我談話和自我交流，一個人在夢中經歷的具體場景和流露出的情感體驗與他在清醒時的自我反省、自我陶醉、自我批評非常相似，因而可以說夢是人類在夜晚沉思的一種特殊方式。人們在夢中夢到的景象，很多是對恐懼、憂悶等心理的反映。透過解夢，找到夢所代表的真正意義，可以找到心理治療的辦法，對夢者的情緒進行疏導。

夢可以成爲由某種病態意念追溯至往日回憶間的橋樑，然後利用對這些夢的解釋來追溯病者的病源，實現對患者的治療。這就是夢與心理治療的簡單關係。

　　不打針不吃藥，只需要說出自己做的夢就能治病。這不是一句玩笑話，透過解夢解決患者的心中的難題已經日漸得到人們的認可，一些醫院甚至準備開設「夢的解析」專科門診。

　　前文已經提到的電影《愛德華大夫》是夢治療的心理學經典案例。影片中康斯坦絲和她的老師正是透過夢治療的方法成功破解了愛德華大夫被殺之謎。

　　電影中出現了大量「我來給你解夢，那樣你就知道你是誰了」、「女人能成爲最出色的心理分析專家，但一旦墜入愛河，就可能是一個典型的病人」這類的臺詞，細節中也顯示著佛洛伊德最基礎的心理學術語和圖解。

臨床心理學專家徐光興博士在他的《解夢九講——心理諮詢與治療的藝術》一書中具體分析了電影《愛德華大夫》的重要啓示，即在夢的心理治療過程中需要把握住四個因素：

　　一、夢中的活動性質。

　　夢中出現的所有場景和細節，哪怕是一句話或者一張紙都含有一定的活動性質，在夢的心理治療或諮詢中，一定要注意這種夢境隱含著一種什麼樣的活動性質。所以，患者必須儘量詳細地描述自己的夢境，而解夢者需要仔細聆聽、記錄，並做出準確的分析。例如在電影《愛德華大夫》中出現了與賭場有關的夢境，這個場景揭示了一種犯罪情結衝動和不可告人的謀殺行爲。

　　徐光興博士說：「對夢的活動性的準確把握可以解解夢的含義，從而揭示當事人內心的矛盾、欲求、需要等，或者象徵當事人的人生歷程，就如某種『電影』或者劇本的預演或重演。」

二、夢中的人格特徵。

一個人在夢中的性格特徵可能與現實中截然相反，還有一些人甚至會出現雙重或多重人格。人在夢中出現的與現實背離的人格，可能是當事人自己都未曾發現或拒絕承認的。電影中的約翰便是如此，他時而是著名的心理分析治療大師，時而是謀殺犯，這兩重角色讓他精神飽受折磨，痛苦不堪。

三、夢中的場景。

夢中的場景和環境往往能夠表明當事人的文化教養、趣味、家庭狀況等生活資料，也可能代表他希望自己擁有的出身或生活環境。透過這一點可以判斷當事人的生活狀況以及他過去的一些經歷。夢中的一些場景雖然可能是虛構的，但裡面往往摻雜了他個人的記憶和情感、希望和恐懼等，所以，徐光興博士認為在夢的心理治療中還必須注意夢中的情感因素。

四、夢中的情感因素。

很多人在夢醒之後可能會忘記具體的情節，但大多數人都記得夢中的情感體驗，所以當事人表現出的情感特別需要提起注意。

正所謂「夢由心生」，夢境中出現的景象和人物，以及情緒、心態，經常代表做夢者的心靈發展和體驗，透過解夢者對解夢系統分析，就能發現夢境的象徵性或隱含性意義，從而幫助那些遭遇了心理難題的人找到解決問題的方法。

壓力大，就會被夢境困擾嗎？

據統計的資料顯示，大多人是出於生活工作上的壓力而來解夢，其中更是以二十五至三十五歲年輕人為主，占到百分之九十五。由於這個年齡層面臨的競爭和發展機遇最多，心理上的壓力容易在夢境中體現，具體表現在常做惡夢，或者長時期做同一類型的夢。

白領一族和私營企業家是最容易為夢所困

的群體。私營企業家受到夢境的困擾現象最為普遍，求診的病人中，百分之四十是私營企業家，其次是白領，大約占百分之三十五，而排在第三位的是大學學生。他們的夢大概分為三種情況：

一、夢回考場提示晉升壓力。

在職場上已經打拼幾年的白領，明明已經遠離課堂，不用再為考試發愁，卻常常夢見回到學校，重新坐到考場上考試，而且在夢裡屢次交出白卷。這是白領「夢疾」患者最常遇見的夢境。

不少人都有過夢回考場的經歷，考試隱喻的是在職場上面臨進一步的跨越。競爭重壓下的白領，最關心的是個人的晉升和發展，屢次夢到考試，就是這種壓力在夢境裡的轉化。這說明，你有可能正在或即將面臨一次職業生涯的變動，對此不敢確信，或者信心不足的人，就容易夢到考試不及格的情況。

做這類夢的人大多責任心強，對事業有所追

求，自我要求高，期待往更高層次衝刺，但實際情況卻不像自己所期望的那樣完美。

此外，晉升壓力在夢境裡往往都跟學校有關。在課堂上遲到，或者老回答不出老師的問題，很多人都有過類似的經歷，因此在面臨職業生涯的「考試」壓力時，他們的夢境也不自然地回到了學生時代。

二、爬山涉水影射職場境遇。

夢到旅途中遇見一座大山或者一條大河，暗示的是事業上遭遇的阻力。職涯順利的人遭遇這種夢境，最終結果是爬上山頂，舉目登高，前方是開闊美景，但如果事業不順暢，工作不穩定，困難重重，夢中的情形就會總是在爬山，直到身心疲憊還是到不了山頂，這正是工作中的壓力所致。

幾乎百分之二十至三十的白領「夢疾」患者都不約而同地提到，有過夢見爬樓梯、高山的經

99

歷。夢境中的跋山涉水並不鮮見，夢境是壓力的傳遞，因此，遭遇此類惡夢困擾時，就應當提醒自己，找出壓力的來源。解夢師的工作就是透過與患者的交流，讓他們透過夢來思考近期個人的狀態，找出急需解決的事態。否則，患者容易因為惡夢導致的負面情緒而誘發抑鬱，影響健康。

三、壓力越大夢越離譜。

壓力越大，夢境的誇張程度就越大。兇殺、搶劫，或者一些神鬼異像出現在夢中時，患者就需要提高警惕了，這意味著你的壓力已經到臨界邊緣了。

而緊張的人際關係也會加劇夢境的離奇程度。生活工作中人際關係緊張的人，容易夢到刀光劍影的血腥場面，或者與壞人拼得你死我活的場面。白天夜裡的雙重緊張更是令人難以忍受，不加舒緩，不僅影響健康，更有礙正常工作的進行。

　　好多遊戲玩家都喜歡網路遊戲，不少骨灰級玩家白天玩，晚上也玩，在夢裡也變成了魔獸世界裡的怪獸。這種「敬業」狀態已經不亞於最近迅速躥紅網路的「賈君鵬」，只是這裡給眾多玩家一個提醒：別讓亞健康喊你回家吃飯！

　　亞健康最突出的特點就是壓力過大，多是荒誕離奇的夢境，諸如變成了怪獸，狂扁鹹蛋超人，或者成為了網路遊戲中的主角等。如果出現這類夢又沒有器質性病變，就要考慮是不是亞健康來臨了。

101

　　亞健康現在還沒有明確的醫學指標來診斷，因此易被人們所忽視。一般來說，如果你沒有什麼明顯的病症，但又長時間處於以下的一種或幾種狀態中，注意亞健康已向你發出警報了：失眠、乏力、無食欲、易疲勞、心悸，抵抗力差、易激

怒、經常性感冒或口腔潰瘍、便祕等。處在高度緊張工作、學習狀態的人應當特別注意這些以下的症狀。

「鮪魚肚」早現。三十至五十歲的人，大腹便便，並不是成熟的標誌。

脫髮、斑秃、早秃。每次洗髮都有一大堆頭髮脫落，這是工作壓力大、精神緊張所致。

頻頻去洗手間。如果你的年齡在三十～四十歲，排泄次數超過正常人，說明消化系統和泌尿系統開始衰退。

性能力下降。中年人過早地出現腰痠腿痛、性欲減退或男子陽痿、女子過早閉經，都是身體整體衰退的第一信號。

記憶力減退。

心算能力越來越差。

做事經常後悔、易怒、煩躁、悲觀，難以控制自己的情緒。

注意力不集中，集中精力的能力越來越差。

睡覺時間越來越短，醒來還是想睡。

看什麼都不順眼，煩躁，動輒發火。

處於敏感緊張狀態，懼怕並回避某人、某地、某物或某事。

爲自己的生命常規被擾亂而不高興，總想恢復原狀。對已做完的事，已想明白的問題，反覆思考和檢查，而自己又爲這種反覆而苦惱。

身上有某種不適或疼痛，但醫生查不出問題，而仍不放心，總想著這件事。

很煩惱，但不一定知道爲何煩惱；做其他事常常不能分散對煩惱的注意，也就是說煩惱好像擺脫不了。

情緒低落、心情沉重，整天不快樂，工作、學習、娛樂、生活都提不起精神和興趣。

易於疲乏，或無明顯原因感到精力不足，體力不支。

怕與人交往，厭惡人多，在他人面前無自信心，感到緊張或不自在。

心情不好時就暈倒，控制不住情緒和行為，甚至突然說不出話、看不見東西、憋氣、肌肉抽搐等。

西醫治病的原則是頭痛醫頭、腳痛醫腳，但是亞健康還沒有到病痛的地步，無病可醫。所以只能用「調理」的原則。

保證合理的膳食和均衡的營養。其中，維生素和礦物質是人體所必需的營養素；有些人不願意吃豬肝，但它含有豐富的維生素。維生素A攝取不足，呼吸道上皮細胞缺乏抵抗力，常常容易患病。微量元素鋅、硒、維生素B1、B群等多種元素都與人體非特異性免疫功能有關。

調整心理狀態並保持積極、樂觀。廣泛的興趣愛好，不僅可以修身養性，而且能夠輔助治療一些心理疾病。善於把壓力看做是生活不可分割

的一部分，學會適度減壓，以保證平和的心態。

勞逸結合。及時調整生活規律，保證充足睡眠；適度勞逸是健康之母，人體生物鐘正常運轉是健康保證，而生物鐘「錯點」便是亞健康的開始。

增加戶外體育鍛煉活動，每天保證一定運動量。現代人熱衷職業生活，忙於事業，身體鍛煉的時間越來越少。加強自我運動可以提高人體對疾病的抵抗能力。

戒菸限酒。醫學證明，吸菸時人體血管容易發生痙攣，局部器官血液供應減少，營養素和氧氣供給減少，尤其是呼吸道黏膜得不到氧氣與養料供給，抗病能力也就隨之下降。少酒有益健康，嗜酒、醉酒、酗酒會削減人體免疫功能，必須嚴格限制。

哪些夢是抑鬱症的預警

夜裡夢境知多少
為你揭開意想不到的夢境之謎

自從香港著名影星張國榮那驚世一跳，很多人才開始瞭解抑鬱症，原來這種病也可以殺人。抑鬱症在國外被稱作「藍色隱憂」，是一種常見的精神疾病，主要表現為情緒低落，對外界的興趣減低，悲觀，思維遲緩，缺乏主動性，自責自罪，飲食、睡眠差，擔心自己患有各種疾病，感到全身多處不適，嚴重者可出現自殺念頭和行為。

　　抑鬱症是精神科自殺率最高的疾病。抑鬱症目前已成為疾病中給人類造成嚴重負擔的第二位重要疾病，對患者及其家屬造成的痛苦，對社會造成的損失是其他疾病所無法比擬的。造成這種局面的主要原因是社會對抑鬱症缺乏正確的認識，世俗的偏見使患者不願到精神科就診。一般患有抑鬱症的人，大多都是生活不盡他意的高智商者，看不破人生，因為懂得，才會痛苦，產生此類的疾病。

爲何夢中美女親近就會引發抑鬱呢？這方面一個比較生動的案例就是曹植。眾所周知，曹植才高八斗，天賦異稟，十歲便能寫詩賦，頗得曹操讚賞。但是和哥哥曹丕爭奪繼承權失敗，被曹丕流放到陳留，鬱鬱不得志。曹植十分愛慕嫂嫂甄后的美麗，曹丕就把妻子死後的遺物——一個玉枕送給了他，曹植睹物恩人，在返回封地時，夜宿舟中，恍惚之間，遙見甄后凌波禦風而來，曹植一驚而醒，原來是南柯一夢。回到鄄城，曹植腦海裡還在翻騰著與甄后洛水相遇的情景，於是文思激蕩，寫了一篇《洛神賦》。

　　曹植大志不能展，夢見嫂嫂，就是抑鬱症的先兆；後來因為仕途不如意，抑鬱逐漸加重，思維變得遲緩，再無傳世名篇，最後史記記載，曹植抑鬱而死。

　　中醫認為，抑鬱症的主要病因是肝失疏泄、脾失健運、心失所養所致。因此，要避免抑鬱，

夜裡夢境知多少
為你揭開意想不到的夢境之謎

一方面要進行藥物調理，另一方面還要保持愉快的心情。

那麼怎樣保持心情愉快呢？

一、轉移思路。

當掃興、生氣、苦悶和悲哀的事情發生時，可暫時回避一下，努力把不快的思路轉移到高興的思路上去。例如，換一個房間，換一個聊天對象，去串門會一個朋友或有意上街去看熱鬧等。

二、向人傾訴。

心情不快卻悶著不說會悶出病來，有了苦悶應學會向人傾訴的方法。把心中的苦處能和盤倒給知心人並能得到安慰甚至幫助的人，心胸自然會像打開了一扇門。即使面對不太知心的人，把心中的委屈傾訴給他，也常能得到心境陰轉晴之效。

三、親近寵物。

飼養貓、狗、鳥、魚等小動物及栽植花、草、

果、菜等，有時能起到排遣煩惱的作用。遇到不如意的事時，主動與小動物親近，小動物會逗主人歡樂，與小動物交流幾句便可使不平靜的心很快平靜。摘摘枯黃的花葉，澆澆菜或坐在葡萄架下品嘗水果都可有效調整不良情緒。

夢中重複白天工作──失眠的徵兆

現代人的生活節奏比較快，工作和學習壓力都十分大，常聽人說：「我做夢都是在做白天沒做完的工作」、「做夢都是在考試，累死了」這樣的話。其實這樣的夢也是一種健康提醒，是身體告訴你它可能已經承受不住了，在這樣下去就會陷入失眠的困境。

長期失眠可能使人的感受能力降低，記憶力減退，思維的靈活性減低，計算能力下降，還會使人的情緒狀態發生一些改變。在眾多的因素之

中，最重要的是心理、精神因素，它約占慢性失眠患者的半數。短時間失眠，常是因環境應激事件引發，而一旦這種應激逐漸消退，就可恢復正常睡眠；而長期失眠者，憂慮是失眠的最常見的病因。

精神疾病伴發失眠症，尤其是各種情緒障礙，是導致失眠的常見原因。恐懼症、焦慮症、疑病症、強迫症與失眠的關係都很密切。事實上，各種疾病伴發焦慮時都能引起失眠，尤其多見於入睡困難，易驚醒，多惡夢。

失眠中醫學上稱「不寐」或「不得臥」。大多認為這是情致所傷，肝氣鬱結，心火偏亢，氣滯血瘀，痰火內擾，胃氣不和致臟腑氣機升降失調，所以臟腑功能紊亂、氣血陰陽平衡失調、神志不寧是失眠的基本病機。

現在人們的生活節奏普遍加快，再也無法回到「日出而作，日落而息」那種原始的生活狀態。

有些青少年因為學業壓力、看電視、玩網路遊戲等活動，每天不到夜裡兩、三點鐘無法入睡，而早上又拖著疲憊的身子爬起來去上課，聽課效果可想而知。老人卻因白日午睡而夜不能眠，造成當事人或家人的生活困擾。有的老年人要早起運動，於是就愈來愈早睡，結果往往從黃昏睡到半夜零時，然後睜著眼直到天亮。同時由於家人無法注意到老人的夜間活動，所以老人很容易在夜時發生跌跌撞撞的意外。最為嚴重的還是那些風華正茂的中年人，其中以從事腦力勞動的居多。他們工作壓力過大，白天拼命地工作，晚上回家還要上網發郵件、泡論壇看帖子關注時政和民生，往往到後半夜才能睡覺，造成作息紊亂。

人的精力主要來源於睡眠，如果一個人希望有健康的身體，那麼他就應該有充足的睡眠。睡眠是一種特殊的意識狀態，是人體的固有行為，任何一個人都是不能缺少睡眠的。如果人不吃

飯，可活二十天，不喝水可活七天，要是不睡眠則只能活五天。常言說「貪吃不如貪睡，吃人參不如睡五更」等，人在睡眠上用了人生三分之一的時間，可見睡眠是生命的必需，透過解析夢境來促進睡眠，是健康長壽所不能缺少的。

☆ 哪些夢是精神分裂的預警呢

　　精神分裂症是很常見的一種精神病，其症狀很普遍，初期最容易被忽視，而一旦嚴重，治療起來麻煩就大了。通常人心理的疾病會在某些夢中找到依附現象而得到反映。而作為做此類夢的人應該早日預防或及時就診，免得一發而不可收拾，那就不是簡單的心理治療可以見效的了。為什麼夢中水倒流，就要嚴防精神分裂呢？席永君先生在他的《夢診》一書中提到：

　　一個病患者在沒有生病前，經常夢見河水倒

流，原來是下游的地方成了上游，上游的地方則成了下游。醒來之後他已是滿頭大汗，好似自己剛從河裡爬起來一般。

慢慢地，他就感到自己身體不舒服，經常性地苛求自己，達到令人瞠目的地步。例如自己胃口不好，偏偏吃飯的時候要強迫自己吃很多，且專門挑平素不喜歡吃的菜；上班不搭車，走路去；莫名其妙地用火柴燒自己的手指或拔頭髮；別人制止他或說他時，他還要和別人頂嘴，弄得大家都覺得不可思議。

113

其實，這種病叫做「自我懲罰症」，在心理學上歸於精神分裂症，這裡作為一個單獨的病例提出來。精神分裂症因為臨床表現很複雜，治療的時候不易區分。事實上，精神疾病中有很多症狀都是相同的，只是作為特殊的病例單獨列出來以區別於其他病例。

比如水倒流時，下游在正常生活中表示屬

於習慣性的事，已被大家接受的事，像生活有規律，沒有反常的動作；上游則表示願望中從未出現過的東西。一旦身體有病，這兩種對立的關係就錯位了，人的生活秩序也被完全打亂，出現病症。

患有「自我懲罰症」的人，自己不能控制自己，冷靜下來之後，自己又會痛恨自己的所作所為，並會發誓要努力丟棄這一不好的舉動。但這是病理所表現的一種現象，而不是心理使然。

★ 哪些夢是神經衰弱的預警呢

如果你經常感到精力不足，萎靡不振，不能用腦，記憶力減退，腦力遲鈍，學習工作中注意力不能集中，工作效率顯著減退，即使是充分休息也不能消除疲勞感。對全身進行檢查，又無軀體疾病如肝炎等，也無腦器質性病變，那就要當

心是不是患上了神經衰弱。

　　大多數神經衰弱患者在患病之前，都會做一些奇怪的夢，比如夢見自己站在一株細細的枯樹枝上面，周圍一片荒蕪，自己在樹上忐忑不安，一會兒便從樹枝上摔了下來。緊接著，這些樹枝劈頭蓋臉地朝你砸來，你卻毫無辦法。這種夢讓人十分痛苦，這表示做夢者的精神已經受到了刺激，伴隨著夢中所受驚嚇引發了一些不良的反應，諸如沒有安全感、缺乏信心、猶豫不決；對某些事物特別恐懼；不能控制自己的情感；會不分時間、地點地亂發脾氣；明知是鏡中花、水中月的事情，偏要盡全力去做。

　　是什麼原因造成的神經衰弱呢？目前大多數學者認為精神因素是造成神經衰弱的主因。凡是能引起持續的緊張心情和長期的內心矛盾的一些因素，使神經活動過程強烈而持久的處於緊張狀態，超過神經系統張力的耐受限度，即可發生神

經衰弱。如過度疲勞而又得不到休息是興奮過程過度緊張；對現在狀況不滿意則是抑制過程過度緊張；經常改變生活環境而又不適應，是靈活性的過度緊張。

人類中樞神經系統的活動，在身體各項活動中起主導作用。而大腦皮質的神經細胞具有相當高的耐受性，一般情況下並不容易引起神經衰弱或衰竭。在緊張的腦力勞動之後，雖然產生了疲勞，但稍事休憩或睡眠後就可以恢復，但是，強烈緊張狀態的神經活動，一旦超越耐受極限，就可能產生神經衰弱。

中醫學認為該病屬於驚悸、不寐、健忘、眩暈、虛損等範疇。神經衰弱患者使用藥膳調理，就是按照中藥的性味功能與適宜的食物相結合，經過烹調製作後，使之與人體臟腑陰陽、氣血盛衰、寒熱虛實相匹配，從而達到治療神經衰弱的目的。

關鍵是要做好預防工作，而防治神經衰弱，最主要的一點是要對該病有正確的認識，堅定戰勝疾病的信心。

　　一、首先要建立有規律的生活制度，安排好自己的工作、學習和休息。學會適度用腦，防止大腦過度疲勞。

　　二、根據每個人的體力、愛好，每天堅持適當的體育鍛煉，如打球、遊戲、體操等。

✦ 解夢能輔助心理諮詢

　　心理醫生常常把夢作為一個瞭解來訪者、幫助來訪者的重要工具之一。夢是進人心靈的線索。

　　筆者在多年的心理諮詢與治療中就常常利用夢瞭解來訪者的心理問題，甚至結合意象對話技術利用夢治療來訪者。

夜裡夢境知多少
為你揭開意想不到的夢境之謎

所以在這裡要專門談談心理諮詢與治療中夢的運用，也是為了讓讀者透過掌握夢來改善自己的心理健康、加速心靈的成長。

因為自我分析，自我治療對每個人來說也是一個終生的任務。古人說：「自知者明，知人者智」。心靈不斷成長對現代人的意義不單是快樂沒煩惱。而且意味著更大的適應性，更強的心理力量和更融洽的人與人的關係。

有一個女孩最近總是無緣無故的嘔吐，最初是懷疑自己懷孕了，去醫院做過很多次檢查，都沒有查出任何問題。醫生建議她去做心理治療。她來到心理診所，見到醫生之後，醫生發現她的臉色很白，但是是那種病態的白。她大概二十五、六歲，說話的聲音低低的，始終沒有抬頭看醫生，似乎有什麼難言之隱。醫生的各種提問都被她輕聲而漠然地擋了回來。於是醫生決定從夢入手，瞭解她、幫助她。

於是醫生讓她講一個最近的夢，她終於開口說話了：

她在看一本連環畫，但畫像電影一樣會動的，故事的女主角爬過有嵌滿了豎起的玻璃片的牆頭，和她一起爬的是幾個陌生的男人，他們也許是想去偷什麼東西。這時仿佛他們被人發現了，女主角也想和那幾個男人一起往外逃。可是，那幾個男人很輕鬆地就翻過了牆頭。女主角很張皇地看著他們。同時，她的雙臂上抱著一個已死的嬰兒。

醫生判斷這個夢裡反映出她心理創傷的癥結。她很想把這種感覺「吐」出來，「吐」掉。

這是一個很明顯的與失身、懷孕、墮胎有關的夢。夢中連環畫的女人公就是夢者自己。因為自己無法承認。面對這是自己所經驗過的事，就把這種不愉快、痛苦的經驗投射在別人身上。

夢者曾和男性有過越軌的行為。「爬過牆

119

夜裡夢境知多少
為你揭開意想不到的夢境之謎

去偷什麼」指越軌行為，至於越軌的是什麼？則由「豎起的玻璃片」來象徵，這是陰莖和性交的象徵。在對性還十分無知的少女心目中，性是危險的、會劃傷自己。接下來夢再繼續演繹整個過程。越軌了之後怎樣呢？出現了「危險」，而當危險來臨的時候，男人卻「輕而易舉」地就走開了，把女人留在危險之中。是什麼樣的危險呢？女人的手臂上抱著個死亡的嬰兒。

這是墮胎的象徵。懷孕了又墮胎，結果就是一個「死亡的嬰兒」。

到這裡可以說「夢相大白」。來訪者可能有一番難以啓齒的經歷。她和什麼人發生了性關係，但懷孕及墮胎的後果卻只有她一人承當。由於無人傾訴，這一段羞辱、難堪，還有整個過程的恐懼、無助，使她如梗在喉。所以她的反應是嘔吐，她非常想一吐為快，從此輕鬆生活。

雖然有了這樣的判斷，卻還不能唐突地對她

和盤托出。

而且判斷歸判斷，心理治療師對自己的任何判斷都得保持一定的彈性，否則就是武斷。

醫生對她說：「夢中連環畫裡的那個女主角，好像陷入了某種困境。是什麼呢？」

她沉吟了一會兒說，她很害怕。

醫生的語氣儘量和緩。「她怕什麼？」

「沒有人能幫她。」她語氣低沉他說。

「妳問問她，她有怎樣的心事，才使她這樣痛苦、害怕。」

「她很蠢、很傻，也很下賤。」她的語氣有些激烈。「為什麼要這樣說？」醫生預計著快觸碰到在她心裡的那塊橫亙礁石。果然，她抬起頭，又期盼又疑惑地看著醫生，有點激動地問：「你覺得我們說這些有用嗎？已經這樣了，還能怎樣？」

「發生的事不能改變，但它對我們的影響

可以改變。改變了，我們就可以生活在今天而不是一輩子生活在昨天。」醫生鼓勵她。

「我想你已經知道了？」她說。「重要的不是我知道不知道，而是你自己怎樣理解，怎樣從過去的陰影裡走出來。能走出來嗎？」她像在問自己。

「如果果夢中的這個女人是妳最要好的朋友，妳和她情同姐妹。看到她這樣妳會怎樣對待她呢？」醫生啓發她。

「她怎麼了？」她一臉想掩蓋什麼的痛苦的迷惑。「她和男性去了有危險的、被禁止去的地方。結果男性輕鬆逃脫，而她自己陷在裡面，手裡抱著個死去的嬰兒。」醫生很理解她的心理阻抗，所以很耐心地說。

「我不知道該對她說什麼？」她很冷漠地反應道。醫生意識到這個創傷對她有多巨大。所以他更耐心、更溫和地對她說：「想像妳是她最最

要好的朋友，除了妳，她沒有別的可以依靠的親人和朋友。妳看到她很痛苦、很害怕，妳心裡也很難過。我想作為她的好朋友，妳能忍心她就這樣陷在這種處境和心境中不能自拔嗎？」

「我不知道我能做什麼。」她說，語氣和緩了許多。「先找到妳關心她、愛護她、願意幫助她的感覺。妳是愛護她的，不管她做了什麼？對嗎？」這時她的思想在細微的變化，力爭每個字都有打動她的分量。

「對，我想是的，因為我們是朋友。」她說。

「是最好最好的朋友。」醫生插話道。

「對，是很知己的朋友，所以不管她做了什麼，我都一樣看重她。」她的字字仿佛很費力的說。

「對，因為妳關心她、愛護她，所以願意幫助她。那麼看到她這樣害怕、無助地站在那裡，妳會做什麼，會怎樣反應呢？」醫生問。

「我會上去抱住她，讓她不要害怕。」她說。

「妳上去抱住她，她會怎樣反應呢？」醫生問。「她會發抖，一直抖個不停。」她說。

「那妳怎樣做呢？」

「我會更緊地抱住她，對她說，別怕，別怕，有我在，我會幫助妳的。」

「那麼然後呢？」我知道她已經可以按我引導她的方式繼續往下做了。

「她不那麼怕了，我和她一起把孩子埋掉了。我對她說：『這不是妳的錯。向前看，你還年輕。誰都有走錯路的時候。』她聽了，臉色顯得比剛才紅潤了些。」

「然後妳們會做些或說些什麼呢？」醫生發現似乎難關已經過去了，繼續問。

「我想帶她走出那個園子，那個園子死氣沉沉的，並不適合她。」她說。

「好吧！那妳和她一起出來吧！怎麼出來

的？」

「我們走到牆前，發現有半開的柵欄門，其實是很容易出來的。她有些猶豫，回過頭看，我想她是在看到一個小孩的墓地。」

「妳怎麼做了呢？」醫生問。「我對她說，過去的就讓它過去，向前看。於是我們就出來了。……外面的陽光很強烈，她有點不習慣。我對她說：『妳很快就會習慣的，妳不是一直都很喜歡陽光嗎？』她慢慢也感覺到陽光的溫暖了。」她說著，臉上也越來越恢復了些血色。

「妳現在的感覺怎樣？」醫生問。

「輕鬆了很多。」她邊說，邊長長地吐了口氣。以此為契機，醫生又和她面談了幾次，直到她內心的力量越來越強，帶領她從容地走進今天的陽光裡。那一段經歷帶給她的罪惡感、羞恥感、自卑、自責，都被整理好，掩埋了起來。她終於從昨天的陰影裡走了出來。

其實，每一個瘡疤都可以蛻變成玫瑰，只是這個轉化還需要更深地進人心靈。也許她的另一個夢又是一道漏進心靈的微光，我們摸索著它，可以不斷地深入、深入，深入心靈的巨大和豐富。那時收穫的不只是常識意義上的心理正常，而是心理真正的健康和成長。

當然，夢僅僅是進入心靈，或者說進入潛意識心理的一個線索。但正因為它的特殊性，它已成為進入心靈或潛意識心理的重要管道。

美國心理學家蓋爾‧戴蘭妮的一個例子也很好的說明了這一點。

艾田是美國中西部人，她是六個孩子的母親，剛滿六十歲後不久，做了這樣的夢：

「我跟鮑伯‧霍伯（好萊塢著名喜劇演員）一起在床上。我不認為他知道我跟他躺在一起，我大氣都不敢喘，免得他難為情。事後我向桃樂絲描述他身上穿的那件毛衣，桃樂絲說她曾在電

影上看過。我回答說，根本沒有任何一部這樣的電影。」

艾田一點都不明白，這個夢代表什麼意思。她從來不曾分析過自己的夢境，也無法想像，爲什麼夢中會跟鮑伯·霍伯一起躺在床上。

戴蘭妮問：「誰是鮑伯·霍怕？」艾田說：「他是個和善的男人，也是有趣的喜劇演員，我喜歡他，也很崇拜他。」她們的夢境面談沿著下述方式繼續進行：

戴蘭妮（以下簡稱「戴」）：「爲什麼妳會讓鮑伯·霍伯覺得難爲情？」

艾田（以下簡稱「艾」）：「我肯定他上錯床了。如果他知道是跟我躺在床上，一定會很難爲情。所以我儘量保持安靜，不驚動他。」

戴：「妳爲什麼那麼確定他上錯床？」

艾：「我只是假設。妳說，鮑伯·霍伯怎麼會想跟我一起上床？」

夜裡夢境知多少
為你揭開意想不到的夢境之謎

戴：「那麼，妳認爲他想跟誰上床？」

艾：「漂亮、年輕、有魅力的女郎，我想應該是這樣，但絕不會是我！」

戴：「所以妳只是假設妳的想法是對的，沒有任何證據？」

艾：「不錯，這很明顯嘛！」

戴：「太可惜了。我敢打賭，如果當時妳跟鮑伯・霍怕講話，他一定會告訴妳是誰跟他一起躺在床上。由於整個夢境是妳一手製作的，妳安排鮑伯・霍伯登臺演出，因此，整個夢境是有目的的，而且也無所謂上錯床，這樣的假定似乎也很正常。角色是由妳分配的，其中包括鮑伯・霍伯上錯床所讓妳引起的感覺。這個感覺顯出妳對自己的看法，那就是『我一點都不動人，沒有魅力，不能吸引像鮑伯・霍伯這樣的人』。」

艾：「對，我自知無法吸引鮑伯・霍伯。

至於能不能吸引像鮑伯‧霍伯這樣的人，我不知道。」

戴：「桃樂絲是誰？」

艾：「一個非常要好的朋友。」

戴：「她好像對妳說，毛衣很重要，而且可以在某部電影中看到這件毛衣。可是妳卻說，根本沒有任何一部這樣的電影，為什麼？」

艾：「我不知道。」

戴：「妳還記得毛衣的樣子嗎？」

艾：「記得，我在夢裡還有印象。那是件白色毛衣，上面有一隻綠色的小鱷魚，像是件高爾夫球衣。」

戴：「妳知道有誰穿過類似的衣服嗎？」

艾：「不知道，我想不出來。」

戴：「確定『任何人』都想不出來嗎？」

艾：「……想不出。」

戴：「昨天，我看到一位妳很熟的人穿著這

夜裡夢境知多少
為你揭開意想不到的夢境之謎

件衣服。」

艾：「誰？」

此時，和艾田結婚四十年的丈夫喬治，把這件焦點衣服從手提箱中拉出來。

艾：「唉呀！喬治！你是我的鮑伯·霍伯嗎？」

從艾田所做的夢，戴蘭妮正在幫助她看出丈夫身上的鮑伯·霍伯。而艾田無法全然欣賞喬治身上有趣、幽默的「明星」特質。有哪些因素妨礙艾田欣賞喬治身上的鮑伯·霍伯呢？她的夢裡有一個線索。夢中，她與鮑伯·霍伯毫無瓜葛，因為她肯定自己「配不上」他。她因為缺乏自信而不敢「高攀」。由於艾田相信自己無法吸引有鮑伯·霍伯性格的人，因此她自然無法欣賞有類似特質而且能被艾田所吸引的男人，那男人正是她丈夫。婚姻生活中，這並不是非比尋常的問題，通常，配偶中的某一人或是彼此，常

為自卑所苦。

解夢本身案例以作為心理諮詢及治療的一種方式。

一位三十九歲的學者，因為新近到一個大公司工作，負責市場銷售，所以壓力很大，他做了這樣一個夢：「我夢見有個醜陋、粗壯、高大的男人闖進來，穿著黑衣服，手裡拿著手槍。我和另外兩個男的在屋裡，我們雖明知打不過他，但仍然和他搏鬥。這時另兩個男的中的一個不見了，好像是溜出去了。這個闖進來的人對我說：『我前世殺了你。』我一聽仿佛記起來似的，憤怒地朝他撲過去。他對另外的那個男子說：『是我使你成了孤兒。』那個男子也很憤怒，知道是他殺了自己的父母。來人也在找另一個男子。」

「我們一起從玻璃窗出去。這時夢境一轉，這個闖進來的人，頭朝下地掉在下面的水池裡，他平躺在水面。於是我用我手裡的槍瞄準他，覺

得瞄準有些困難，我打中了他的肩膀。我想這樣並不能打死他，於是又瞄他的後腦勺。我打了五槍，我覺得他的腦漿被打了出來。周圍圍繞了許多人來看，他們朝他的屍體扔石頭，嘲笑他。我又有些不忍，我和另一個人（那個孤兒）一起去護衛他的屍體，那第三個人始終看不見。」

有些夢是很重要的，它往往反映的是夢者較深層的心理內容。如何「嗅」出那些夢是重要的，這要靠解夢者的解夢和進入自己心靈的程度。這二者結合，解夢者可解夢容易有一種發現重要夢的直覺。

醫生認為這個夢對他很有意義。於是以夢為切入點，直接對他進行輔導。

醫生：「你現在舒適地坐好，儘量進入你夢中的形象。讓夢境盡可能生動地複現在你眼前。能做到嗎？」

學者：「能。」（輕輕地閉上了眼睛）

醫生：「夢中的這些人物都是你人格的不同寫照。有的寫照你樂於認同、容易認同，就好像你的兄弟或好朋友；而有的寫照你不能、也不願意認同，就像你夢中的強盜。其實，這些都是你人格的不同部分。好，回到那個醜陋、粗壯、高大的男人剛剛闖進來的那個情景。讓夢中的你放鬆，友好、和平地面對來者。試試看。」

學者：「好。」（呼吸變得勻且長，深深地呼出一口氣。）

133

醫生：「請你以一種很友好、很歡迎的姿態對他說：『你來找我有什麼事嗎？我很高興你來，我一直盼著你來。』試試看。」

學者：「我並不希望他來。」

醫生：（語氣和緩地）「他是你人格中的一部分。你們彼此生疏得太久了，本來是兄弟一家人，何必互相敵視？」

學者：「我就想和他對抗，誰怕誰。」

夜裡夢境知多少
為你揭開意想不到的夢境之謎

醫生：「他就好比你的左手，你就好比右手，你願意用右手砍掉左手，還是願意兩隻手一起做事？」

學者：（沉吟了一會兒）「好吧！我問他『你來幹什麼？』他說，他想讓我認識他。我就上去拍了拍他的肩膀。」

醫生：「他有什麼變化或反應嗎？」

學者：「他的臉比剛才好看多了。」

醫生：「你身邊的那兩位也是你人格的不同部分，你們幾個原本就是一個人，就像四個最好的兄弟。你們互相表示下友好。」

學者：「我們幾個抱在一起，大家都很高興。後來不見的那個，比較瘦小，低著頭好像不高興。」

醫生：「你們去關心關心他，他肯定有自己的心事和委屈。」

學者：「我們問他怎麼了。他說，他覺得自

己無能，不好意思和我們在一起。」

醫生：「你們怎麼做呢？」

學者：「他是滿無能的，根本不適應壓力社會。」

醫生：「他也是你的兄弟，而且他未必像你想的那麼無能。你去擁抱他，看看會發生什麼？」

學者：「我擁抱他了。他很高興，而且好像變得高大起來，人也顯得結實。」

醫生：「我們每個人其實都是充滿智慧和力量的，需要愛來激發。」

學者：「我們四個一起要出去做些什麼了，我們從門裡，不是從窗走出去。」

學者：「門是正道、窗是左道。」

醫生：「這和你的生活有關係嗎？」

學者：（微笑著）「我可以堂堂正正地做生意、做人。」

學者：（長長的呼口氣，胸部起伏著，人坐得更舒展些）「合在一起了，變成另外一個人，這個人強壯、有力而且相貌俊朗。」

醫生：「好，把這個人和你，現在坐著的你合在一起。」

學者：（胸部明顯地起伏，慢慢睜開眼睛，微笑著）「我想我該抓緊時間工作了，謝謝你，我知道該怎麼做了。」

醫生：「不斷地在生活中接納你自己，好的、壞的、聰明的、愚蠢的、堅強的、軟弱的，只要你接納他們，你會更有力量、更豐富，也會更有智慧。」

分析到這兒，這個夢的意義，醫生和他都已明瞭。他說，這個夢反映了自命清高的學者部分的人格與世俗的人格之間的矛盾。而夢中的醜陋、粗壯、高大的男人代表世俗的人格，他是我的一部分，他有一種現實的力量。可能正是基於

這個人格，我才有棄文從商的舉動。然而心裡又厭惡他的世俗，所以夢裡就有了文弱書生與世俗強盜的殊死搏鬥。而且還是我的書生一面占了上風，好在我隱隱約約也有些認同那現實的一面，夢中的憐憫他的死代表應該就是代表這一點，所以他才會這樣順利的和他結合。

上面這個例子就是用夢做心理輔導的一個實錄。用這種方法，在心理治療中或在自我幫助中，都可以把瞭解自己和自己的成長很好地結合起來。它可以避免冗長的自由聯想費時費精力的缺點；也不會陷於「我的內心原來是這樣，可知道了又怎樣，我怎麼改呀？」的困惑。

使用這個方法其實很簡單，只要掌握兩個最基本的原則：

一是夢中所有的人、動物、物都是自己心靈的一部分。

二是無條件地接納自己的心靈，及心靈中任

夜裡夢境知多少
為你揭開意想不到的夢境之謎

何一個部分。

　　具體的操作技術是：讓心靈中的各部分交流、溝通；然後彼此擁抱、接納對方；最後合為一體。懂得了這個方法，那麼每一個夢都是在提醒你，還有哪些心靈內容沒有得到整合，於是再整合。這個過程就成為心靈不斷健康、不斷成長的過程。而且心靈的成長會帶來你整個人生的改變，從人生觀、到生存方式、人際關係、身體狀況等等。

　　當然說難也難，難就難在你必須明瞭並相信，無條件的接納或說無條件的愛，真的能創造奇蹟。

　　無論如何，就像我們在去做心理諮詢的時候，在諮詢中醫生在引導你的時候常說的，「試一試」，因為它真的很值得試，而且只有試了，你才會真的懂、真的去用。

　　大學二年級的小靜就讀於林業學院，她穿著一件黃色的 T 恤，戴一副眼鏡，是個性格內向的女孩，在與心理醫生接觸時，她的表情靦腆，說話聲音輕聲輕氣。主要症狀為不敢與人接觸，開始見到男同學感到緊張，自己覺得臉部發紅，心跳加快，後來逐漸發展到對女同學也會感到害羞，心理緊張不安，並且出現頭痛、頭暈，莫名其妙的焦慮、緊張。

139

　　開始就診時，小靜認為自己發病的原因是失戀，本來自己周圍也有許多朋友，後來與同年級的另外一位同學戀愛，逐漸與其他同學疏遠。這個男同學的父母離異，加上與另外一位女同學失戀，而小靜的父親因患肝癌逝世，使小靜情緒低落，兩人相互安慰，「同病相憐」，所以在短時間內兩人感情很好。

後來男同學提出要發生性關係，立刻遭到女孩子的拒絕，兩人關係出現危機，男同學就不理睬她，於是心裡感到很失望，情緒低落，頭部發脹，晚上睡眠也不好。

在治療中，小靜向解夢師描述了自己所做的夢境：

「我在夢中忽然感到自己生活在童年，大概是五六歲的樣子。父親好像是開了一個旅館，其實父親是個普通工人，他只顧自己做生意，對我一點不關心。夢中的母親好像是個內科醫生，實際上她僅僅是個保姆，她經常訓斥我，對我管教很嚴格。我有了一個妹妹，三歲的樣子，整天高高興興的，看上去就顯得性格開朗，我覺得她活得很自在，我當然就不高興……」

「忽然來了一個小朋友，好像是鄰居家的小女孩，我的一個最要好的朋友，好像她經常到我們家，和我一起玩耍，她媽媽是婦產科的醫

生。小女孩對我說，我們玩『生孩子』的遊戲怎麼樣？我問她怎麼生孩子，她說她會教我的，她媽媽天天給人家接生孩子。她讓我躺在地上，並且脫下了我的褲子，她拿一根棍向我的身下伸進去，我覺得很好玩。」

「後來那個小女孩回家了，我就一個人玩，把兩條腿並得緊緊的，嘴巴屏住氣……突然從窗戶外面蹦進來一個東西，我仔細一看，原來是一隻蛤蟆，長得非常難看，而且是五條腿，怎麼會是五條腿。這個時候我感覺我是現在的自己，因為我對別人說，五條腿是畸形，是遺傳的關係……後來再仔細看，才發現自己看錯了，那是蛤蟆的一條尾巴，又覺得不對勁，如果蛤蟆有尾巴，應該是蝌蚪，而這明明是個蛤蟆。這時一個長鬍子的老頭跑進來，告訴我，這隻蛤蟆是外國進口的，叫古巴蛤蟆。我說只聽說有古巴牛蛙，沒有聽說有古巴蛤蟆的。他說，這妳就不懂了，

牛蛙是當菜的，這古巴蛤蟆是寵物，只能玩耍不能吃的。正在這時，這隻蛤蟆突然跳起來，跳進了鍋裡，這鍋裡正好燒著開水，一下子把蛤蟆煮熟了，我就醒了過來。」

首先在夢境中，夢者提高了父母的身份，工人變成了老闆，保姆變成了醫生，這顯示出夢者的虛榮心。夢中回到了小孩子的生活，這是一種退化行為，希望自己沒有長大，為拒絕同戀人發生性關係尋找合理化的理由，但是恰巧在夢境中顯現出了玩「生孩子」的遊戲，尤其是夢中出現了五條腿的蛤蟆，這顯然也是一種現實生活中的擔憂在夢中的表達，發生性關係出了事情怎麼辦？如果懷孕了怎麼辦？生出五條腿的蛤蟆怎麼辦？至於蛤蟆和古巴牛蛙之爭，顯然也是一種合理化的表達，可以生出一個寵物來。為什麼會出現一個長鬍子的老頭？顯然還需要進一步地挖掘早期的生活經歷。

透過進一步的系統分析發現，她家的隔壁確實有一個旅館，這旅館生意很好，來往的客人很多。她小時候和妹妹在一起玩耍時，有一個「偷看」的毛病。在夏天，天氣非常熱時，她經常和妹妹結伴到隔壁旅館偷偷看那些客人在做那些「不可告人」的事情。那時因為年齡小，也不懂得什麼害羞，總覺得很好玩。但是有一天，一個經常來旅館住的大叔，大概有四十多歲的樣子，把她和妹妹叫到他的房間裡，給她們兩人好吃的東西，並且對她倆動手動腳，於是她們被嚇得大聲哭起來。結果爸爸反而把她打了一頓，因為她到處亂跑，這對她是個很大的打擊。

　　到了初中的時候，她經常自己把腿夾得緊緊的，並且手部也有自慰的動作，用手指撫摸自己的陰蒂，幻想的內容也具體化了，出現具體的男人，奇怪的是這些男人並不是年輕的小夥子，而都是年紀大的人。

最令人難堪的是，每當上自然課的時候，自然課的老師就是個五十歲男性，上他的課她會很自然地緊緊地夾住自己的雙腿，會有一種非常非常舒服的感覺，甚至臉都會憋得通紅，這反而引起老師的注意。他走到她面前，問她是不是身體不舒服，其他同學都緊盯著她，她感到無地自容。令人生氣的是以後這種幻想發展到所有的男性老師，她感到非常地害怕，又不敢對任何人說，性格更加內向了，並且還出現了迫切希望別人「強暴自己」的幻想。

深入的分析發現，夢中出現蛤蟆，是在她小的時候，有一天晚上在外面田地裡蹲著小便，突然一隻蛤蟆跳進她的內褲裡，嚇了她一大跳，從此以後，她再也不敢在外面解手。

就是現在，已經讀大學二年級了，晚上從來不去外面廁所解手，為此買了一個瓷盆，晚上在寢室裡解手，也不敢出去倒便盆，弄得寢室裡經

常有一股尿味。同寢室的女同學意見很大，她只能以膽子小作為藉口，說晚上外面有鬼。同學們都譏笑她，這麼大了還迷信，她就默認了這種說法，並且在行為上變得更加內向，甚至還產生過以下幻想：

有一天，她在書店裡翻書，偶然看到《青蛙王子》的童話故事，她突然想到，如果那隻蛤蟆是王子變的，該有多好！但這是不可能的。有時她還會忽然冒出來一種想法，那隻蛤蟆已經鑽進自己的肚子裡，並且在裡面留下了「種子」，將來生出蛤蟆人怎麼辦？雖然覺得這種想法很可笑，但是還是會不時地冒出來，並且還真的有點擔心。因為她聽別人說過，女孩子的褲子是不能晾在外面的，因為不小心的話會生出怪物來。

從此她經常為此事擔心害怕，所以當男朋友提出要與她發生性關係時，潛意識中的這種矛盾、衝突導致她斷然地拒絕這種行為的發生。透

過夢分析，她明白了自己的焦慮產生的根源，心情逐漸平靜下來，又能夠安心地學習了。

　　林某一直想當一個作家，他寫了很多的作品。二十八歲的他現在在某公司當經理，可是至今還沒有發表過像樣的文學作品，但是他還是不斷地在寫作，最近他做了一個夢，夢境是這樣的：

　　「夢中我感覺自己在一家理髮店裡，有許多人在排隊等待理髮，這理髮店又小又暗，整個場景給人一種像暗黑色油畫的感覺，而且顯得相當骯髒。在我的前面有兩個人排隊，他們都坐在我的右邊，而且都在埋頭看報，理髮師卻先叫我理髮，他好像認識我，我似乎也來過這個理髮店。因為還沒有輪到我，但是理髮師卻先叫我理髮，我感到有點不好意思和不安，我感覺理髮師好像要討好我，我就走過去坐在椅子上。這時才發現，整個理髮店只有我一個人，我前面的鏡子很陳舊，鏡子上的水銀因為潮濕而變得花花的，我

根本看不清鏡子裡的我⋯⋯後來不知怎麼回事，我出去了，沿著街一邊走，一邊看商店的櫥窗，我覺得自己好像在找剪刀來剪自己的頭髮，可是就是沒有找到。我似乎聽見『嘶嘶』的聲音，忽然我對自己說『氣球爆開了』。」

這個夢境中夢者到理髮店理髮，理髮是一種清理，表示夢者需要整理一下自己的頭，這樣可以乾淨、漂亮。但是「這個理髮店又小又暗，整個場景給人一種像暗黑色油畫的感覺，而且顯得相當骯髒」，所謂乾淨之處不乾淨，這顯然提示著一種挫折，就象徵著夢者自己現在的狀態，拼命想當作家，但是一直沒有發表出像樣的作品。

本來理髮是要排隊，自己的前面有兩個人，但是理髮師卻先叫自己理髮，自己「感到有點不好意思和不安，我感覺理髮師好像要討好我」，實際上這是一種「自我誇大」，但是夢者坐在椅子上準備理髮，卻發現面前的鏡子裡「我根本看

不清鏡子裡的我」，這是進一步地對「自我的否定」，就好像一個孩子要知道自己的形象，他會在鏡子面前手舞足蹈地表現自己，這是一種「自戀性的心理狀態」，一種童心未泯的象徵。

後來乾脆自己跑到街上去找「剪刀來剪自己的頭」，就跟一個小孩一樣，不讓大人來管自己，小孩在大人面前常常說「我自己來做」，這顯然是一種退化行為。

夢者又回到了童年，夢境的最後，夢者意識到了自己的問題，自己的理想是很難實現的，所以自己跟自己說「氣球爆炸了」，一切希望猶如氣球一樣破滅了。這個夢境充分體現了夢者的心理幼稚和追求成熟之間的內心矛盾衝突。

夢見身體被燙傷，代表凶兆，預示著與別人為仇，臥床不起。

夢見有人剝光了自己的衣服，經濟會出現危機。

夢見自己身體健康、結實，是祥兆。

夢見身體變黑，預示讀書運將有明顯的上升，考試成績也將有很大進步。但如果作弊，運勢將即刻倒轉，會越來越壞。

夢見滿身瘡痍，將有遭受流言傷害的可能。在街上偶然與親友的愛人相遇，兩人一起喝茶聊天的情形被別人看見，難免遭到別人說長道短。要小心！

夢見身體急速發胖，表示金錢方面的運勢有上升的趨向，將可以期待一筆臨時收入。你就打開錢包，等著這筆酬金的來臨吧！

夢見身體消瘦，表示交友運稍微有下降傾向，與親友的來往將失去和諧。把她約出去敘一敘，再鞏固一下你們之間的友情吧！

夢見身體變成白色，在異性方面將有好事。有人暗戀你。但要知道他是誰，可能還要一段時間。

夢見變成駝背，表示在家庭方面將有所變動。可能在一年之內會有房屋的改建或新建。你可以趁這個機會要求一個私人房間。

夢見背部長瘤，表示在物質方面將有幸運事發生。也許有朋友送一大堆你最喜愛的唱片或錄音帶給你。

夢見頭代表什麼

夢見有人揮刀想砍自己的頭，提醒全家要小心慎言，別人也會因為夢者的擔憂而有怨言。

夢見自己頭大了，是提升的先兆。也可能是憂愁增加，但這並不像頭髮那樣，預示著外加的憂愁，而是意味著自己分內的煩心事會更多，這通常被看成是提升的前兆。在鏡子中看到自己的頭，同樣也意味著提升，但這是因為有勇氣面對自己的問題，對內的職責有足夠的勇氣去承擔，所以才會得到上級的賞識。

夢見頭痛或頭部受傷，意味著夢者最近有煩心事讓自己不安。

夢見膨脹數倍的頭，說明夢者的日子過的挺順利的。

夢見發現自己長兩個腦袋，說明夢者會很快得到提拔，但這也是不確定的因素。

夢見洗頭，洗掉憂愁，憂愁會過去。

夢見雙手抱頭，預示著會有捷報傳來。

夢見頭上長疽，是指生命的根基開始腐敗變質，就像一棵樹的根已經爛掉，再茂盛的枝幹也

支撐不了多久。敗壞的生命失去了存在的資格，當然就只能走向滅亡。

夢見有人低著頭，代表夢者需要尋求別人的說明。

夢見自己蒙著頭或在夏天戴著帽子，表示夢者的才華被壓制，得不到施展。

夢見他人的頭部都經過修飾、非常講究，暗示夢者內心深處想認識達官貴人。

夢見孩子的頭，說明夢者為以後的幸福而奮鬥。

夢見流血的頭部，意味著夢者的奮鬥是白費功夫，不會有回報。

夢見自己身首異處，表示夢者陷入一直思考的某些事情中不知如何是好，想放棄。

夢見將身體分離只留下頭部，而頭形顯得修長，表示自己的腦袋只是僅有性愛衝動卻沒有思考的東西，暗示夢者只對性愛強烈關心而在其他

方面毫無成就。

✦ 夢見掉頭皮屑代表什麼

夢見掉頭皮屑隱喻你在最近在生活工作或者
學習上有焦慮的心態，有點兒警惕的意味，譬如
說擔心不夠力量，害怕青春和朝氣不再。勸你心
情開朗一些，多散步，多與人溝通，相信你很快
就會好的。

✦ 夢見頭髮代表什麼

女人夢見自己被人抓著頭髮拖走，意味著死
亡或由於不幸而離開自己的丈夫。

夢見頭髮太長，幾乎把臉遮住，預示在行為
方面的運勢將下降。對表錯情、會錯意這一類輕
率的行動要特別小心，否則將會發生不測。

夢見頭髮變得雪白，表示健康狀況良好，稍有不適也不至於危害健康。可以盡情吃、盡情玩，但也要努力用功呀！

夢見頭髮絲絲脫落，表示朋友之間的關係觸礁。也許你最要好的朋友有了情人而與你逐漸疏遠……這時你不可嫉妒，衷心祝福她，這才是友情。

夢見請人理髮，表示異性運急速上升，要求約會，一半以上可以得到允諾。這時最好瞄準了目標，集中火力，才有成效。

夢見別人的頭髮長了，可能會厭煩世俗生活，離家苦修。

夢見長了白頭髮，將會憂傷悲哀。

女人夢見自己的頭髮長了，表示夫婦恩愛，幸福長久。

女人夢見掉頭髮、剪頭髮，可能是守寡的兆頭。

夢見請人燙髮，表示金錢運衰敗，不是意料之外的應酬增加，就是借出去的錢要不回來。財政收支將出現赤字，可能只好求助於母親了。

夢見用梳子梳頭，預示生活會幸福舒適。

夢見短頭髮，表示厄運是短期的。

夢見頭髮捲起，表示行為方面將有問題。你與情人之間的親密關係，將被旁人知道，而使你的立場變化。要如何應付，一定要向長輩請教才

是上策。

夢見假髮，預示著你有發財的機會，但是你可能抓不住。

夢見自己戴假髮，預示著會錯失機會。

夢見皮膚代表什麼

夢見帶有斑點的皮膚，表示夢者雖然現在的感情不是很好，但會有一個好的結局。

夢見美麗細膩的皮膚，暗示夢者愛情甜蜜闔家幸福。

夢見脫皮的皮膚，意味著夢者的生活很快就會好起來，要不了多久就又會有新的人際交往。

夢見骸骨代表什麼

夢見看到骸骨，表示夢者不滿足現狀，擔心不想被別人知道的事情卻意外洩密。

夢見進入深的洞穴裡發現有骸骨，表示你很擔心祕密會被人知道。

夢見臉代表什麼

夢見把注意力集中在別人的臉上，表示夢者想在平時儘量學著體諒別人。

夢見透過鏡子觀察自己的臉，意味著夢者想

學會在平時怎麼展現自己。

夢見自己的臉腫了，或者比原來紅，預示夢者會成為達官貴人。

夢見把自己的臉遮蓋起來，表示夢者要掩飾自己的才華。

夢見快樂明朗的臉，意味著夢者會過上美好的生活。

夢見面龐醜陋、五官不正、擠眉弄眼的臉，表示夢者將遭遇困難。

夢中的戀人蒼老，說明夢者將要失戀。

夢見眼睛代表什麼

夢見眼睛發紅，預示身體有病。

夢見別人朝自己使眼色，意味著夢者會被重疾纏身。

夢見清洗眼睛，預示愛情方面運氣上升。在

一個月以內，必將收到某人的情書。而你對那個人，也一向有好感……拭目以待吧！

夢見女人的眼睛閃閃發光，預示一切會付之東流。

夢見自己的眼睛腫而不疼，預示夢者的日子會很美好。

夢見塗著黑眼影的女人，預示經濟要受損失。

夢見自己睫毛生長，表示你將有悲哀的事發生。

夢見眼睛變瞎，表示交友中稍有誤會。由於你跟誰都能和睦相處，將會引起反感，被人批評為過分的八面玲瓏。但這顯然屬於誤會，所以，不必介意，儘量保持同樣的心情去待人接物。夢見戴上眼鏡，是物質方面的吉兆。也許父親領了紅包，將送給你一套昂貴的音響設備，或朋友將送你禮物，等等，將是樂事迭起，可能是你平常

做人不錯的緣故吧！

　　夢到自己眼跳，預示著生活會有新的變化，可能會有小的困難出現。

　　夢到眼珠不舒服或有眼疾出現，預示著自己生活上自己會被某些事情蒙蔽。

　　夢到眼珠發光，預示著將會有好運出現在自己身上。

　　夢見自己的眉毛在不知不覺中掉了，預示家人會發生不測。

　　夢見眉毛變白，表明朋友會令人擔憂。

　　夢見自己的眉毛生長，表示身體健康，壽命

很長。

✦ 夢見耳朵代表什麼

夢見自己的耳朵被割掉，表示你的想法能被執行。

夢見耳朵長毛，是發財的預兆。

商人夢見自己耳朵長毛，生意會很順利。

夢見別人的耳朵被割，預示可能要遭受苦難。

161

夢見自己掏耳朵，或讓別人給自己掏耳朵，意味著有好消息。

夢見有人擰自己的耳朵，意味著所犯的罪將會受到法律制裁。

夢見耳朵變大，預示技能運上升。書法、珠算、劍道、柔道等，如果你在學習的話，這是一個升級的機會，可以立刻報名參加考級測驗。

夢見耳屎，是發財的預兆。

工作人員夢見耳屎，會被加薪。

商人夢見耳屎，生意會興旺。

夢見挖耳屎，會人在誇你，會升官。

夢見鼻子代表什麼

女人夢見鼻子受傷，意味著自己將被唾棄，自己的婆家也受到牽連。

夢見鼻孔疼痛，獲得地位的過程受到非議，會大難臨頭。

夢見大鼻頭的人，會生意受損，與友吵架。

夢見有人抓住了自己的鼻子，暗示會受到不公正待遇。

夢見自己的鼻子十分醜陋，是不祥之兆，權勢下降。

夢見鼻子流血，暗示壞事將要來臨。

夢見鼻孔生膿包，暗示親人受騙。

夢見馬或牛鼻孔吐氣，暗示會有危險。

✦✦ 夢見鼻毛兒代表什麼

夢見自己的鼻毛長了出來，這是談生意、婚姻或借錢等一切事件，都會失敗的夢。

夢見鼻毛很長，您正在洽談中的事，諸如事業、婚姻、貸款等，都將不順利。

夢見鼻子裡感到很乾燥，是即將生病的前 163
兆。

✦✦ 夢見嘴巴代表什麼

夢見自己的嘴變大了，意味著經濟要受損失。

夢見吃滾燙的東西燙傷了嘴，意味著要生重病。

夢見口中長腫瘤，表示家庭運勢下降。為了你的髮型，你與雙親將有意見分歧。過分標新立異的髮型最好避免，否則將有苦吃。

夢見嘴裡塞滿了吃的東西，預示要發財。

嘴被堵住，就無法呼喊，意味著有苦說不出。

男人夢見自己的嘴被堵住，將受到襲擊，並且身受重傷。

女人夢見嘴被堵住，會被人強姦。

如果夢見堵住別人的嘴，能夠讓敵人有苦說不出，會征服敵人。

☆ 夢見嘴唇代表什麼

所有謊言都從嘴裡說出。而嘴唇的功能，是控制嘴的開合，控制自己只說真話不說假話。所以在夢境中，嘴唇意味著忠誠。

夢見自己嘴唇發紅，是身體健康，生活富裕的徵兆，意味著人實在，信用好，由此帶來了健康的身體和富裕的生活。

　　而如果嘴唇發白或發黃，則意味著由於品德和內心的問題，爲自己帶來了疾病。

　　夢見自己厚嘴唇，意味著過於忠誠，以致無法分辨是非，即使受到別人的虐待、凌辱，也依然不願反抗。

　　男人夢見嘴唇很紅的女人，意味著誘惑，會受女人騙。

　　夢見嘴唇發白的女人，意味著外來的挑撥無法得逞，妻子或朋友會對自己忠貞不渝。

　　夢見嘴唇發黑的女人，意味著外來的壓力會讓自己做艱苦的事，疲憊不堪，病魔纏身。

　　夢見嘴唇很薄的女人，薄得像刀刻一樣就是刻薄，意味著你的心上人生活在刻薄的環境裡，只有你能給她帶去陽光，你們的愛情將會得到圓

夜裡夢境知多少
為你揭開意想不到的夢境之謎

滿的結果。

夢見嘴唇發白或發黃，會體弱多病。

嘴唇通常也是女性生殖器的象徵，可能會在色情的夢中出現。這類的夢可能純粹是享樂的，其中並未隱含其他意義。

夢見嘴也有類似的意義，然而也暗示著滋養（或愛）。

另外值得記住的是，儘管鬍鬚通常是男子氣概的象徵，但它可以意指生命，或是男性人格中的女性部分（嘴和嘴唇都象徵了女性生殖器）。

✦ 夢見舌頭代表什麼

舌頭除了能幫助人辨別滋味吃東西外，還能幫助人發音講話。夢中的舌頭，是謠言的象徵。

夢見舌頭，表明夢者近期心情不好，有小人在散佈謠言。

少女夢見伸出舌頭，表明感情起伏較大，要注意調整自己的情緒。

　　未婚男人夢見自己朝女人伸舌頭，表明戀情將進展順利。

　　夢見自己的舌頭很長，意味著夢者在現實生活中不太誠實。

　　夢見舌頭越伸越長，在精神方面似乎有問題。由於感情的起伏過於激烈，芝麻小事也可以使你一喜一憂。

167

✦ 夢見牙齒代表什麼

　　夢見刷牙，表示健康方面可能會有麻煩。已經治好的病，有可能復發，使你煩惱。這時最好充分休息，把病徹底治好。同時也要注意生活要有規律。

　　夢見數自己有多少牙齒，表示將會受人污

辱。

　　農民夢見拔牙，意味著豐收在望。

　　夢見牙疼，定能發財。

　　夢見生長新牙齒，是愛情方面的吉兆。今後三個月，兩人之間將不會有任何摩擦。愛情在親密的氣氛中進行，最好的約會地點是公園、美術館、音樂廳，等等。

　　夢見數別人的牙齒，這是祥兆，意味著能戰勝競爭對手。

　　夢見自己的牙齒脫落，表示將會與人發生爭吵，或有水難之虞。划船、衝浪、游泳、釣魚等水上遊樂，應該全面禁止。在進行其他遊樂時也要特別小心。

　　夢見拔牙，表示不久要買房置地。

　　女人夢見拔牙，表示生活會豐裕。

　　夢見長出虎牙，預示健康運勢上升。今後一年將無病無災，可以平安無事地過去。值得擔心

的是運動不足，以及因此引起的肥胖，小心噢！

夢見下巴代表什麼

夢見雙下巴，預示著會有好消息。

夢見下巴被輕輕拍了一下，暗示將有意想不到的事情發生。

夢見飽滿的下巴，預示著夢者工作順利，收入增加。

夢見脖子代表什麼

夢見脖子伸長，表示運動的運氣非常良好。如果你是網球、撞球或各項田徑運動的個人選手，在這段時間將實力大增，但還是要自己努力訓練，成績才會提高。

夢見自己的脖子，生活中就會獲得成功。好

看的脖子象徵幸福快樂，難看的脖子預示困難，細長的脖子象徵著狡詐的朋友，而受傷的脖子則象徵著負債和家庭糾紛。

夢見脖子被掐，健康方面要注意。呼吸系統出現病痛的陰影，特別要注意支氣管炎、哮喘、肺炎、肺結核等疾病，當然也要小心感冒。

✦ 夢見喉嚨代表什麼

夢見自己的咽喉，暗示身邊的至親或關係親近的人將不久於人世。

已婚女人夢見自己的喉嚨，暗示自己的媽媽家會有不好的事情發生。

夢見自己咽喉痛，或咽喉長瘡腫，暗示將會有所獲。

被判死刑的囚犯夢見咽喉腫疼，暗示即將上斷頭臺。

旅遊者夢見嗓子腫疼，暗示旅遊路上將遭遇壞人，身上錢財將被搶走。

夢見喉中有東西卡住，喉嚨有東西卡住的夢不好。特別是當做此夢的人，必須去看醫生，往往是喉嚨真的有病。

夢見胸部代表什麼

夢見打自己的胸口，是不祥之兆，要麼被某個刑事案件牽連，要麼自己的親友與世長辭。

夢見胸部被壓，暗示將有不好的消息到來。

夢見乳房代表什麼

一般來說，夢中的女性胸部主要代表性愛、性欲、母愛、母性及女性化等幾種意思。

如果你夢見的胸部很美麗，那是非常好的

「兆頭」，除了暗示你的願望可能實現之外，也有身體很健康，以及幸運、幸福即將降臨的說法。

夢見乳房下垂，暗示學業方面的運勢將下降。不知何故，你的記憶力遽然減退，英文單詞、化學符號都無法記牢。因此，相關科目的成績將全部退步。

夢見乳房變大，表示健康狀況欠佳。由於偏食，有可能疾病迭生，可能會為貧血、頭暈目眩、關節炎、牙痛等病症而受苦。千萬要小心。

夢見乳房變小，暗示異性運將衰敗。也許你暗戀的人，由於其父親的工作調動，最後離你而去。

如果在夢中只是發現自己有三個乳房而非觸摸或被人觸摸胸部，則有隱喻的味道。也許你覺得自己缺乏「母性」、「母愛」這些女性的象徵，例如覺得自己不夠「女人」，沒女人味，吸引不

到異性等等。你潛意識渴望能有更多的力量和理想的環境去發揮女性本能，又或是母愛。

此外，夢中出現身體特徵，也要留意健康狀況，有時候可能是健康出現問題的信號。

☆ 夢見乳頭代表什麼

夢見兒童吸吮乳頭，象徵從焦慮中能解脫出來。如果夢與性欲有關，其含義隨細節而定。

173

夢見堅挺的、顏色鮮豔的乳頭對男女都是好的象徵，說明夢者精力旺盛，充滿活力。

如果夢見乳頭很大，則預示著物質財富的增加。

夢見疼痛的或潰瘍的乳頭，是警告夢者健康方面會有問題，最好去檢查身體。

夢見乳頭多於正常人，表明不乏良機，但在選擇對象時要謹慎。

夢見與其他人的乳頭接觸，預示著將有快樂的消息。

☆ 夢見肚臍代表什麼

肚臍是人體的中心，是曾連接母體的紐帶。

夢中的肚臍，象徵的是冒險與新的愛情。

夢見自己的肚臍，暗示夢者敢為別人不敢為之事，自己新的計畫也會讓自己收穫頗豐。

夢見別人的肚臍，暗示夢者感情順利，會有好的結果。

☆ 夢見臀部代表什麼

夢見臀部生瘡，表示在考試成績方面將有高低不平的現象。例如，英文的成績雖然幾近滿分，數學卻是靠近鴨蛋，等等。而且，也許還會由於睡過頭而考試遲到。

夢見臀部變得又大又豐滿，表示健康運上升，將可以期待一段健康快樂的日子。只要維持有規律的生活，保證你的身體在今後一年健康良好。

臀部也象徵對性的好奇心。男生做這種夢，可消除內心對愛不滿足的感覺。

夢見肋骨代表什麼

男人夢見肋骨疼痛，意味著會給自己的愛人更多的愛。

女人夢見肋骨疼痛，意味著自己的另一半會更疼愛自己。

夢見腹部代表什麼

已婚婦女夢見肚子發脹，預示不久要生孩

子。

未婚女子夢見肚子發脹，意味著要嫁到豪門富家。

寡婦夢見肚子發脹，預示大難將會臨頭。

夢見自己的腹部疼痛，暗示夢者會因為自己的身體強壯和精神振奮而有所收穫，並得到他人的肯定。

夢見自己腹部裸露，提示夢者的親信中會有人背叛自己。

夢見接受腹部開刀，預示桃花運將有進展，將大受異性青睞，追求你的人絡繹不絕。

夢見背部代表什麼

夢中看到別人的背，暗示美好生活還在很遠很遠的未來。

夢見後背流血，暗示會有人蓄意破壞而使夢

者錢財受損。

夢見自己背對別人，暗示無法逃避自己討厭的人的糾纏。

☆ 夢見腰部代表什麼

夢見自己的腰肥了，預示會得到意料之外的東西。

夢見自己的腰瘦了，預示可能錢財要受損。

夢見別人的腰肥了，表示自己身邊的人收入增加。

☆ 夢見手代表什麼

夢見雙手被砍掉，表示除了失去朋友之外，能得到神的幫助。還有另一種解釋：不必為了謀生做事而發愁，做任何事情都如有神助，心想事

177

成。

夢見自己的手又長又結實，意味著工作順利。

夢見自己的手比原來更紅了，暗示將升官發財。

夢見歪曲的手指，意味著會利用貪污公款的手段來斂財。

夢見自己的手無力發黃，這是有病的兆頭。

夢見雙手都握著錢，暗示夢者將會富有。

夢見洗手，預示在金錢方面將不斷受苦。雖然收入少，但支出卻比收入要多，所以經常囊中羞澀。

當你夢見自己或他人的手掌時，常會在此後繼承一份遺產或收到一份意想不到的貴重禮物。

夢見手掌流血，不祥之兆，會受騙。

工作人員夢見手掌流血，預示著要提防小人。

商人夢見手掌流血，會受到競爭對手的惡意競爭。

夢見手指流血，就是財富從手中流失，並且讓自己的生活受到沉重打擊。這通常被解釋為意外失去，錢被騙走，而且數額巨大，足以危害現有的生活。

夢見咬斷手指後流血，財產會讓人騙走。

179

夢見砍自己的手指，表示將會成為情場上的勝者。

夢見手指被蒸氣燙傷，表示愛嫉妒別人。

夢見多指的手，表示有貴客登門。

夢見短手指，表示生活拮据。

夢見手指流血，暗示錢會被騙走。

夢中看到血從傷口流出來，意味著身體的創傷和擔憂。也可能表示半途殺出程咬金，使你的

事業有重大變故。

夢到看到你的手流鮮血，表示如果不小心，你的事業和工作將立即有惡運來臨。

手指是生活，而大拇指是最粗壯的一根手指，象徵著生活中最好的方面，那就是幸福。

夢見自己的大拇指，生活會很幸福、富裕。

女人夢見自己的大拇指，即將要分娩。

商人夢見自己的大拇指，生意能獲大利。

夢見自己的大拇指有破傷或者被砍斷，災難要臨頭。

小偷或強盜夢見自己的大拇指擦傷，不久會被逮捕，並且被判刑。

病人夢見自己的大拇指有破傷，因得不到合理的治療會長期忍受折磨。

夢見在拇指上染了顏色，會負債累累，或受刑事案件牽連。

✡ 夢見胳膊代表什麼

夢見肩膀受傷，表示休閒活動增加。尤其與「水」特別有緣，划船、游泳、沿著溪流爬山等，在近水的地方遊樂，將可以享受最大的快樂。

夢見自己的胳膊肌肉發達、健壯，意味著由於自己的努力會被拔擢。

夢見胳膊上的汗毛長得很長，預示生活變好，收入增加。

婦女夢見自己的胳膊患病或不中用，預示丈夫或兒子要離開人世。

✡ 夢見指甲代表什麼

夢見剪指甲，表示努力拼搏能賺錢。同時，在異性方面也會有所收穫，將會有一次新的交際，相逢的地方是朋友家。

夢見黑指甲，表示將會受損失。

病人夢見黃指甲和白指甲，可能會臥床不起。

男人夢見留短指甲，暗示生意能獲利。

已婚女人夢見留長指甲，暗示可能要喪偶守寡。

男人夢見指甲變紅，這是身強力壯的徵兆。病人夢見指甲發紅，預示病體很快會痊癒。

夢見斷指甲，吉兆，生活會幸福。

商人夢見斷指甲，生意會獲利。

病人夢見斷指甲，會很快恢復健康。

☆ 夢見腿代表什麼

夢見腿受傷，表示夢者身體狀況欠佳，要破財。

夢見別人讚美自己的腿，表示夢者愛慕虛

榮。

　　夢見腿被切除，表示夢者得到不到他人的援助。

　　夢見自己有一隻假腿，意味著夢者只顧自己的利益不管別人。

　　夢見三隻腿或更多的腿，說明夢者企圖心強，想操控一切。

　　夢見腿不聽自己使喚，說明夢者平常的日子不好過。

　　夢見豐滿的大腿，表示夢者想得到異性的愛。

　　夢見向腿之間射箭，表明夢者對男女之事的期盼。

　　夢見大腿受傷，預示著會有財產損失。

　　夢見大腿不聽使喚，預示著未來生活會走入貧困。

　　小腿是膝蓋連著腳的那部分。夢中的小腿，

是願望實現與否的象徵。

男性夢見女性的小腿，提醒夢者不要失去信用。

女性夢見男性的小腿，提示夢者要對前程充滿信心。

夢見幼兒的小腿，預示夢者所有願望都會實現。

夢見靈活有力的小腿，預示夢者結婚或戀愛將開花結果。

✦ 夢見膝蓋代表什麼

夢見膝蓋受傷而顯得痛苦，說明將有不好的事降臨。

女性夢見膝蓋很美，暗示夢者異性緣好，追求者眾多但沒有自己心中愛慕的。

夢見自己屈膝下跪，表示夢者希望能得到他

人的肯定。

夢見自己的膝蓋莫名其妙地大了，提示將有不好的事降臨。

夢見你的兩個膝蓋都很骯髒，象徵著你會因遊手好閒而生病。

夢中的膝蓋有奇怪的形狀，表示原先的夢想和希望難於實現。

✦ 夢見腳代表什麼

腳是人的根基。當腳在夢中出現，通常表示人的根基將要發生變化。

商人夢見自己長了許多隻腳，表示很會撈錢。

夢見腳有黑痣，預示財運將急速上升。也許由於你平常品行端正，將受到增加零用錢的獎賞，以後用錢可以稍微大方一點了。

夜裡夢境知多少
為你揭開意想不到的夢境之謎

商人夢見洗腳，預示著貪婪。

夢見踢別人的腳，暗示將會受他人之辱。

夢見腳燙傷，將會因一時糊塗，遭受重大損失。

夢見手腳的汗毛既濃且密，表示愛情方面將有不順。一顆爭執之星將從你頭頂上經過，很可能先是吵架，進而成了打架，結果不歡而散。這時你的言行舉止要特別審慎才好。

夢見手腳被綁，在人際關係上將會發生麻煩事。一向對你有成見的同學，可能會故意散佈你的壞話。這時你必須以超然的態度應付，不要去理會。

夢見腳被砍，意味著失去了最好的朋友。

★ 夢見腳趾代表什麼

夢見腳趾出血，吉兆，預示著自己對未來沒

有信心。

　　夢見腳趾甲很長，不祥之兆，生活會不如意。

☆ 夢見腳跟代表什麼

　　夢見堅硬的腳跟，意味著什麼都會有進展。

　　夢見腳跟流血，預示會造成經濟損失。

187

☆ 夢見肝臟代表什麼

　　肝屬木，主生髮，喜調達，具有藏血的功能。可以說，肝就好像身體機能的保護者，與膽相互左右，促使人體正常的運轉。並提出警報。

　　夢見肝臟，預示夢者個人情緒的宣洩。

　　夢見肝臟受到損害，提示夢者平時由於過於衝動而使自己與周圍人的關係變的緊張。

✿ 夢見肺部代表什麼

肺主呼吸，肺「在志為憂，在聲為哭。憂深慮也，哭哀聲也」。

夢中感到肺不好，不僅是指向肺部方面的問題或疾病，還提示情感方面的問題，如多愁善感，情緒不穩定，經常傷心、流淚等。

肺部是身體的「休息空間」，它是身體的風箱，撥旺生命之火。

夢中的肺部，提醒人要注意自己的身體健康狀況。

吸菸的人夢見自己的肺部發黑，意味著夢者肺部有問題，需要戒菸。

夢見肺部有積水或者黏液，意味著夢者已患有肺炎或支氣管炎等疾病。

✿ 夢見心臟代表什麼

在五臟之中，心臟屬於最高位置的，岐伯說心是「君主之官」，身體是一個國家的話，心臟就是這個國家的皇帝。

夢見自己在數心臟跳動的次數，暗示生活放蕩。

夢見自己把手放在胸口上，表示仇人將至，生命有危險。

夢見自己的心臟跳動異常，會有不好的事發生。

夢見心臟停止跳動，預示災禍降臨。

夢見自己或親人死於心臟病，則意味著夢中病故的人會長壽。

夢見胃代表什麼

夢中胃痛，意味著要舒緩心境，不然會病患

纏身。

　　夢見東西慢慢地進入胃，表示夢者境遇不夠順利。

　　夢見嘔吐，意味著夢者吃的過多或不愛吃東西。

　　胃，在現實生活中，人的胃是容納、消化和情緒發生器，它和神經系統一樣，對環境中所發生的事情非常敏感，尤其對消極的情緒產生比較大的反應。

　　夢中的胃，是情緒是否得到發洩的象徵。

　　夢見自己的胃部不適，說明做夢人必須宣洩自己內心的不良情緒。

　　夢中胃痛，意味著做夢人在承受巨大的精神壓力，必須要及時地宣洩，不然會出現更加嚴重的疾病狀態。

　　夢見胃膨脹、疼痛，預示夢者將患難以治療的疾病。

夢見東西慢慢地進入胃，表示夢者工作太辛苦，或因為某些事情辦得不夠理想、沒有辦好而後悔。

　　夢見嘔吐，意味著夢者可能存在貪食或厭食症。

☆ 夢見腎代表什麼

　　腎，五臟之一。腎位於人體腰部，左右各一，包括命門。它是先天之本，內藏腎陽、元陽、真陽與腎陰、元陰、真陰，是藏精之臟。腎主骨，骨生髓。而腦為髓之海。所以腎精足，自然精力充沛，神思敏捷，記憶力增強，筋骨強健，行動輕捷。《淵源道妙洞真繼篇》卷中：「腎者，作強之官，技巧出焉，精之處也。其華在髮，其充在骨髓。腎有二枚，左為腎藏志，志樂精神內守；右為命藏精。腎者，陰氣也，為五臟之根，

主身之骨髓及齒，齒者骨之本，有言骨之餘」。

夢見腎，暗示要保重身體。

腎是人體生命的根源，稱爲「先天之本」。

腎臟功能的好壞，決定著人體健康的各個方面。

如果夢見腎，提醒夢者應注意自己的身體健康。

✦ 夢見腸子代表什麼

腸子是人體吸收食物營養和水分的器官，它的功能是否正常主要取決於上下的通暢。

夢中的腸子，象徵涉及「危急」的表達。

夢見腸子是糾結在一起的，表示夢者會有災難降臨，或將發生意料不到的事情。

夢見腸子完整無缺，表示夢者事事如意。

夢見腸子糾纏不清，意味著夢者事情理不出

一個頭緒，雜亂無章。

夢見自己的腸子，是夢者身體過於緊張的信號，說明做夢人需要休息。

夢見他人的腸子，意味著夢者將為一個親密的朋友或親戚擔心一段時期。

夢見動物的腸子，預示夢者的生活方式將有一個很大的改觀。

☆ 夢見陰道代表什麼

如果夢中的陰道似乎要緊緊抓住你，象徵著有一個女人很強悍總要控制你。

男性夢見陰道，代表渴望性生活。

女生夢到陰道表示有點擔心自己的生理期狀況。

☆ 夢見陰莖代表什麼

夜裡夢境知多少
為你揭開意想不到的夢境之謎

夢見一個不健康的性器官，意味著房事過多或者是一種危險信號。

夢見一個暴露的直挺的男性生殖器，則是一種性饑渴的危險信號。

夢見一個健康正常的男性生殖器，就意味著愛情生活美滿。

☆ 夢見睪丸代表什麼

夢中見到自己的生殖器，象徵別人對自己的懷念。

夢見生殖器被割有二種解釋，一種是兒子或本人的死訊。而且死後將被人們所遺忘的預示。第二種是近期本人或子女身體可能會受到傷害，要注意身體了。

夢見生殖器的擴大或短缺意味著自己在人間

的聲望的強弱。

夢見自己生有兩個或更多生殖器，預示有同樣的子女而齊聚一堂。

夢見睪丸也是子女的象徵。夢見睪丸發生病變預示子女有叵測之事。

夢見無睪丸或睪丸被割掉象徵無嗣。

☆ 夢見精子代表什麼

女人夢見精子，預示著想要個小孩。

男人夢見精子，代表著精力旺盛。

☆ 夢見肛門代表什麼

夢見肛門，它代表負面情緒壓抑，也有可能好久沒有過性生活，性方面有壓抑。提示：也許需要放鬆一下。

✧ 夢見陰毛腋毛代表什麼

夢見別人的陰毛、腋毛等毛類。

第一、代表你的潛意識中，有一些不大正常的性愛欲望，例如：戀童、戀物或者是同性戀，要多注意自己最近的行為。

第二、代表你最近好長時間沒有性生活了，內心深處有性愛欲望了。

✧ 夢見血液代表什麼

夢見床鋪或衣服上有血跡，暗示會患重病，或受刑事案件牽連。

夢見血流成河，預兆著要發大財。

在夢中喝血，預示著發財，是祥兆；而夢見血液流失，則預示著失敗和破產。

夢見身上出血，預示著失敗。

✿ 夢見血管代表什麼

夢到自己的血管血流正常，表示你已制服了那些想殺害你的人。

✿ 夢見骨骼代表什麼

夢見骨骼，代表事物的本質，提醒你不要被事情的表面矇騙。

197

夢見骨折，意味著你最近的計畫或想法裡面有問題存在，你最好注意一下近期出現的特殊情況或關係。

✿ 夢見痣代表什麼

夢見臉上長痣，吉兆，預示著運動方面會有好消息。

夢見自己身上突然長出的黑痣，這是一個吉夢，代表你只要付出一些努力，就能有很大的收穫。就如你在工作上，只要稍出一點力，就有升官加薪的機會。

　　而如果是夢到別人身上的痣，這是代表那個人是你的貴人，可以請他幫助你。

☆ 夢見長高代表什麼

　　夢見長高，代表能力與智慧的提高，是自信心的提升。

☆ 夢見放屁代表什麼

　　夢到自己放屁，預示你近期做任何事都會一切順利，或者會遇到好事。

　　夢到別人放屁，預示著身邊的朋友或同事能

做出優異的成績。

✦ 夢見脈搏代表什麼

脈搏和心跳一樣，是生活的節奏，引申出人
的運氣。

夢見自己脈搏跳得快，就是好運。跳得慢，
就是厄運。

夢見給仇人把脈，意味著在面對仇人的時
候，能夠得到好運，也就是在危急時刻，可以得
到朋友的雪中送炭。相反，如果仇人給自己把
脈，好運就是對方的，自己將被仇人打敗。

夢見醫生給自己把脈，意味著厄運，被疾病
接近，會感染上流行病，收入會減少。

病人夢見醫生給自己把脈不久能恢復健康。

病人夢見自己給自己把脈，會困難重重。

夢見自己當了大夫，給別人把脈，預示要放

棄目前所從事的工作。

夢見醫生給妻子把脈，夫妻要吵架。

夢見正在給妻子把脈，會得到妻子無限的愛。

女人夢見別人給自己把脈，表示遭驅趕，身陷困境，寸步難行。

✿ 夢見紋身代表什麼

夢見你在紋身，這種夢表示由於你家裡的困難使得你有一段長時間的煩惱。

夢見戀人在紋身，則表示由於三角戀愛會使你成為一個令人忌妒的人。

✿ 夢見皺紋代表什麼

夢見臉上有皺紋，會身強力壯。

已婚女人夢見臉上有皺紋，丈夫會更加寵愛自己。

未婚女子夢見皺紋滿面，很多人會讚美她的年青美貌。

未婚男子夢見臉上皺紋縱橫，會有許多漂亮的姑娘向他求婚。

病人夢見臉上有皺紋身體會很快康復。

夢見別人臉上有皺紋，會憂心忡忡。

夢見皺紋滿臉，會被家務纏身。 201

夢見鬍子代表什麼

夢見自己留著長長的絡腮鬍子，能得到人們的愛戴，會有萬貫家貲。

病人夢見自己留著長長的絡腮鬍子，健康會極為不佳，人命危險。

夢見自己留著短的絡腮鬍子，會膽小如鼠，

是個名副其實的懦夫。

　　商人夢見自己留著短的連鬢鬍子，會與顧客或競爭對手吵架。

　　夢見別人留著長長的絡腮鬍子，要遭受損失。

　　夢見將連鬢鬍子剪短，災禍會臨頭。

夢裡關係
知多少

04
Chapter

夢見已故的祖父趕著一頭母牛來到院裡或將牛拴在牛棚，預示即將迎來兒媳、家庭主婦或妻子，或得到意外的財物。

夢見迎接祖父母，看見他（她）用擔心的表情看著你，自身、父母及家庭無一倖免，全部將遭遇不吉利的事情，或家人中的某個人身上將發生危險。

204

夢見幫祖父母捶背，預示你在技能方面將有進步。這將是練習樂器的良機。

夢見去祖父母家裡，這是警告你要反躬自省的夢境。

夢見祖父母從口袋或包袱裡拿出什麼東西遞給你，如果夢中接過東西時心情很好並且非常珍視這個東西，是生財的夢；如果覺得接過的東西不重要，那麼期望很高的投資會以失敗而告終。

夢見祖父母躺在病床上，表示家中可能發生糾葛。你與雙親及兄弟可能發生爭執。

　　夢見已故的祖父母欲向自己說什麼話，預示將發生需要加倍小心的事情。

　　夢見祖父母在田地裡勞作，這是讓你趕快提起精神、努力用功的忠告。

　　夢見祖父背著孫子或將孫子領到屋外，預示近期內孫子會死亡。

　　夢見祖父母給你零用錢，預示你將有極佳的金錢運。但不能浪費，逛街購物要有節制。

　　夢見祖父母責罵母親，表示健康方面亮起紅燈。必須保持良好的生活規律，常運動，保證充分的營養及休息才可保持健康。

　　夢見已故的祖父帶著農具去種地，表示父親或家裡的其他人將調動工作崗位或搬家。

　　夢見已故的祖父撫摩孫子，預示現實中的孫子會患病。

☆ 夢見父親代表什麼

夢裡聽到父親去世的消息，雖然是有好消息傳來的徵兆，但實際上可能會聽到訃告。

夢見被父親大罵一頓，是健康方面有不良狀況的徵兆，尤其要注意的是意外事故，在上下車、橫穿車道時要特別小心。

夢見父親站在你面前阻止你，這是權威或壓力的象徵。表示你一定要予以克服。

☆ 夢見母親代表什麼

夢見母親臉色可怕地追趕你或掐你的脖子，這是反映你自己潛意識的夢境，因為在現實生活中你對自己的母親有很大的負罪感，所以才做這樣的夢。

夢見母親大發雷霆，拿你出氣或呵斥你，

這是告知你可能會在不知不覺中出現大閃失的夢境。夢見母親得病或去世，是傾家蕩產，事業和地位將遇到困難的徵兆。

夢見自己的母親成為新娘，穿著婚紗或韓服舉行婚禮，這暗示母親將面臨極大的危險，是警告有可能患重病或死亡的夢境。

夢見睡夢中醒來後，看到母親站在床邊，注視自己臉龐的情景，這是暗示母親身上將發生不吉利事情的夢境，或者預示自身正面臨危險。

夢見自己的母親照顧多名小孩，預示自己的能力得不到認可，挫折感油然而生或成為別人的談資，又或者捲入是非中。

夢見母親給變成嬰兒的你餵母乳，預示著會出現好幫手，助你一臂之力。但在夢中如果感覺到不愉快，那並不是好夢。

夢見公共汽車或火車開動時，母親擺手叫自己下來，這是警告要終止目前進行的事情或計畫

的夢。

✦ 夢見子女代表什麼

夢見自己正在數子女的數目，並且他們都長得健康可愛，這表示你在管教子女方面不會遇到什麼麻煩，他們在社會上個個都有一席之地。

夢到自己的女兒，表示你身邊不愉快的事件都會一掃而空，而如果你的女兒在夢中沒有符合你的期望，那也許會出現讓你操心的事情。

✦ 夢見伴侶代表什麼

夢見伴侶對你說話，你卻不回答，暗示由於夫婦之間的交流很少，對方對自己的冷漠極度不滿。

夢見伴侶與陌生的異性竊竊私語，仔細傾聽

原來是在說自己，由此感到不愉快的夢，暗示你的伴侶已經有了情人。

夢見因風流伴侶而獨自傷心的景象，預示除目前所從事的事情以外又開始了新的事情，需要擴張事業或移動部門。

夢見成了伴侶冷戰的對象，這是在伴侶的健康上有異常情況發生的徵兆。

夢見情人向你表達愛意，表示情敵出現的可能性極大。但不能以強硬的態度應付，必須保持寬容與溫柔，如此情敵不久便會離去，兩人的愛情又可恢復。

夢見與情人接吻，表示將產生性方面的煩惱。你已對精神上的愛情無法滿足，也生怕做出遺恨終生的事，這種不知何去何從的心情，將持

續一段時間。

夢見情人與別人顯得很親密，表示精神方面的健康狀況下降。你的身心已經疲憊不堪，最好暫時停止約會，過一段安靜的生活。如果非約會不可，可以用電話解決。

夢見情人送你禮物，表示愛情運急速上升。兩人將處於相知相愛的幸福裡，但要小心，不可因一時衝動而做出遺恨終生的事。

夢見與情人爭吵，表明人際關係籠罩著陰影。好友之間可能產生糾紛，這時你的處事態度將對你的信譽產生很大影響，所以必須審慎行動。

夢見愛人代表什麼

夢見愛人身上滿是鮮血，不說一句話地走向自己，暗示自己的身邊潛伏著危機。但是，如果

愛人無情地對待你或離你而去，反而是個祥夢。

夢見面無表情地看著自己的愛人被別的女人帶走，暗示現實中苦惱的事情在貴人的幫助下得以解決或獲得成果。

夢見抱住趕赴戰場的愛人痛哭，意味著將與愛人分手。如果在夢中痛哭，表明對分手的痛苦已經做好了心理上的準備。

夢見與愛人發生性關係，有可能兩人之間發生誤會，也有可能出現關係緊張或疏遠。

夢見愛人掉進河裡求救，自己卻在猶豫不決，暗示從事的事情陷入困境或陷入陰謀中。

夢見妻子代表什麼

夢見和妻子分離，表示會更加寵愛妻子。

夢見擁抱妻子，暗示會有不祥之兆，會與妻子分居。

夢見與妻子吵架，表示夫妻恩愛，生活幸福、美滿。

夢見找了一位好吵鬧的妻子，生活會幸福、舒適。

囚犯夢見與妻吵架，很快能見到妻子。

夢見自己的妻子嫁給別人，暗示妻子有災難降臨。

夢見妻子與人通姦，意味著你對現實的境遇有極度的不滿。

夢見自己的妻子跟別人一起風花雪月，你將提升名譽或地位，受到眾人的尊重，家業興旺。

☆ 夢見丈夫代表什麼

夢見丈夫頭髮掉落而變成禿頭，這是用夢境體現了對丈夫無能、軟弱的嫌惡和怨恨。

夢到丈夫離你而去，你不知什麼緣故，表示

你們之間的感情已有了很大的隱患，不過最後還是會和好的。

夢到你丈夫死去，暗示會有悲傷包圍著你。

夢到你丈夫英俊、快活，象徵著你的家庭生活美滿，你將大有作為。

夢到丈夫生病，意味著他在外面可能有外遇，你在家裡有時也會不幸福。

夢見丈夫睡在別人的床上，有這樣的夢，實質上說明的情況是你愛老公的程度比不了他愛你的程度。

夢見丈夫有第三者，可能是你對你們的婚姻在潛意識中總覺得有壓力。也許是你的丈夫很優秀，也許是你總是看低自己的魅力，所以你在內心深處總會有危機感，總有著隱隱約約的壓力和擔心。夢僅僅是現實在我們腦海中扭曲的反映，夢反映什麼不重要，重要的是透過夢境我們可以更多地瞭解自己的內心，更好的改進自己心理狀

況。

病人如果夢見雙胞胎，則預示他的身體遲早
會好轉。

已婚男子夢見雙胞胎，說明他會事業有成。

未婚男子夢見雙胞胎，預示他很快就會告別
單身生活，事業上也會有所發展。

商人夢見雙胞胎，預示著財富。

夢見與兄弟姊妹合力做一些事情，暗示學業
方面將有進步。以往難纏的科目，也將全部都有
好分數；也有可能得到老師當眾表揚，使你神采
飛揚。

214

夢見受兄或姐欺負而心有不甘，暗示兄姐關係將發生波折。

夢見兄弟或妹妹將出去遊玩，暗示在人際關係中將有幸運來臨。

夢見兄弟吵架，暗示比賽的運氣不好，表示不管參加哪種比賽，必輸無疑。這種狀態將持續半年，要有心理準備！

夢見與兄弟姊妹同蓋一床被子，雨過天晴，健康運上升。今後一個月，雖然有一點不如意，但過後將精力充沛，可以過一段無病無痛的日子。

夢見與兄弟或姊妹遠離，在異性方面將有幸運。可能接到某同學寫的熱情洋溢的情書。這時將如何應付？這是你個人的事。

☆ 夢見姐姐代表什麼

男人夢見自己的姐姐，是祥兆，能長壽。

女人夢見未婚的姐姐，額外開銷會突然增多。

女人夢見已婚的姐姐，會與丈夫家的一個女性發生爭吵。

夢見去姐姐的家，貴客會登門。

夢見與姐姐交談，會有好消息。

夢見給姐姐禮物，侵吞公款，會破財。

夢見與姐姐吵嘴，會越來越富。

夢見姐姐去世，她會長壽。

夢見姑姑嬸嬸代表什麼

男人夢見姑嬸，意味著如果遇到困難，會得到親人的幫助。

女人夢見姑嬸，表明如遇到困難，她還想依靠娘家人。

✦ 夢見叔叔伯伯代表什麼

夢見叔叔伯伯教誨你，預示著長輩對你疼愛有加，在工作上也會取得很大進步。

成年人夢見自己拒絕去世的叔伯讓自己做事情，表明身體無病，意志力堅強。

✦ 女子夢到表哥代表什麼

古代的女子大多不能拋頭露面，大門不出，二門不邁。女子生活在閨房秀閣之中，難得見到陌生男子，而表親來拜訪，便是接觸外界的一個機會。所以在古代文學中，經常見到女子與表哥相戀的情節。

夢見表哥要娶我，是你潛意識裡面喜歡表哥，所以才會在夢裡夢見他。

夢見已故表哥，意味著自己非常想念表哥。

夜裡夢境知多少
為你揭開意想不到的夢境之謎

夢見與朋友一起又吃又喝，在金錢方面要多加小心。不要花無謂的錢，搞得囊空如洗。

夢見與朋友並排讀書，預示到了進行新嘗試的最好時機。只要是日常想做的事，立刻開始行動吧！

夢見大夥兒一起去旅行，暗示最近很可能發生快樂的事。

夢見與朋友一起挨老師責罵，考試運將好轉。考試前所看的複習題，全部出現在試卷中，必將獲得接近滿分的成績。

夢見有朋友來玩，將有新的浪漫史產生。愛情戰的武器，不外乎是電話。最幸運的黃金時段將是晚上八點到九點。

夢見與朋友一起工作，表示人際關係好。沒有錢的時候，有事情需要別人幫忙時候，朋友一

定會伸出援助的手。

　　夢見朋友與異性很要好，暗示愛情運將停滯。與情人之間總是格格不入，波折迭起，選一處喝咖啡的地方，也爭執不休。

　　夢見一群好友反目而分裂，暗示人際關係將不如意。可能無意間發覺最信賴的朋友在背後說你，因此受到莫大的打擊。要治癒這心裡的創傷，需要一段很長的時間。

✦ 夢見同事代表什麼

　　夢見公司的其他同事全部晉升或漲了薪水，唯獨遺漏了自己而氣憤不已的景象，預示得到意外的財富或者自己的能力得到公司的肯定，待遇提高。

　　夢見上司遞給你信封，裡面裝著錢的景象，預示你將晉升職務或取得信任。如果是企業家，

夜裡夢境知多少
為你揭開意想不到的夢境之謎

表示在毫無希望的情況下，事情出現了轉機，獲得巨大成功。

夢見與同事或上司跳交際舞時，看到對方的面孔感覺很恐怖，這夢表現了平時對那個人的敵對感、抵制感。

夢見被討厭的上級叫去，但發現看到的不是上司而是父親，甚覺奇怪，這是顯示了對平常權威主義的上司和父親的抗拒心理。

夢見來到同事的家裡卻丟失了皮鞋，只能穿主人的運動鞋或拖鞋回家的情景，這是預示你自尋煩惱，把同事當成競爭對手。

夢見接受上級給予的艱巨任務，愁腸百結的情景，暗示收到難以回絕的委託或受到好朋友的債務保證的委託而硬著頭皮向前走。

夢見老闆代表什麼

夢見了老闆，而且他和你不在同一個生活圈子裡，表明他過多的操控和干預了你。

　　夢見老闆變成了自己的親人，意味著夢者對工作達到了忘我的境界，全力投入。

221

✿ 夢見學生代表什麼

　　夢見學生在快快樂樂地嬉戲，意味著夢者對自己的同窗和恩師的懷念。

　　夢見學生學習時不認真，意味著夢者覺察到自己的不足，想再進一步學習充實自己。

　　夢見學生在考試，意味著夢者的工作讓他喘不過氣，心有不滿。

✿ 夢見老師代表什麼

　　夢見受老師責罵，表示家人關係極佳。對雙

夜裡夢境知多少
為你揭開意想不到的夢境之謎

親能恪盡孝道，你將令人刮目相看。也許你每個月的零用錢會大幅度增加呢！

如果你夢到老師，可能你在生活中正涉及某種學習。也許是學習新技能，或進入新的領域；也有可能是你正在學習一種新的處世態度。

有時夢中老師是你不認識的人，但你覺得很熟悉且信任他。那麼他也許是你內心的智者，指引你學習你的人生課題。注意他對你說些什麼，那可能是對你很有幫助的箴言！

夢見受老師稱讚，暗示在學業方面烏雲密佈。由於連日的熬夜，在課堂上竟開始打盹，結果受到老師批評。這就是所謂反夢。

夢見到老師家裡拜訪，是人際關係的運勢衰退的預兆。頭頂上有一顆爭執之星，要注意你的言行舉止，防止爭執，尤其脾氣不可暴躁。

夢見正在上課，表示學習漸入佳境。將有指點迷津的同學出現，以此為契機，你的讀書運將

大增。也就是說，你將會有很大的幹勁。要努力喔！

學生夢見和導師交談，暗示會因生活困難而中途輟學。

夢見異性老師與你親密攀談，表示愛情運將下降。情人之間的感情開始變得索然無味，最好改變一下約會的方式。

夢見叔父母給你零用錢，被盜的暗影重重。尤其在咖啡店裡，要特別注意。錢一旦被偷，再也追不回來。

夢見叔父母與父母親爭吵，健康方面將有變化。要注意食物中毒、消化不良、痢疾等消化系統的疾病。如果稍微有異樣的感覺，立刻要去看醫生。

男人夢見男性親戚，會得到別人的尊重；夢見女性親戚，則意味著家裡要辦婚事。

女人夢見男性親戚，會陷入困境；夢見女性親戚，是祥瑞，會生一個男孩。

夢見自己的一個親戚與世長辭，表示孩子很快要成家立業。

囚犯夢見自己的親戚，不久會出獄。

旅遊者夢見自己的親戚，能到達預定的目的地，平安地結束旅行。若夢見和親戚爭吵，能發財。

☆ 夢見與親人道別代表什麼

夢見與親人告別，是不祥之兆，會推掉朋友的支持。

有時夢見告別，預示要離開原來的單位。

夢見在告別時講話，仇人會給自己帶來災

難。

　　夢見讓自己離開祖國，生意要破產。

　　夢見爲別人宣讀告別講話，社會地位會得到
提高。

✦✦ 夢見鄰居代表什麼

　　夢見鄰居同輩的異性，愛情將有新局面。表
示你對愛情已有美好憧憬，一定會對某一個人產
生愛情。

　　夢見鄰居偷竊，意味著家裡將遭到偷竊。

　　夢見和鄰居爭吵，則意味著生活穩定、生意
興隆。

夢裡情緒知多少

05
Chapter

✦ ☆ 夢見焦慮代表什麼

夢見別人焦慮憂愁，提示夢者會生活中會受到別人的干擾。

熱戀中的青年男女夢見焦慮，暗示情感不順。

夢見在憂愁的基礎上出現嚴重的心情沮喪，提示夢者會遭遇困難。

✦ ☆ 夢見害怕代表什麼

在夢境中出現各種意外的傷害事件，自己和夢中的其他人都處於一種驚慌、緊張、恐懼的狀態。這夢境象徵著夢者對發生意外事件而受傷的擔憂，各種恐懼、悲慘的景象衝擊夢者，提示夢者趕快採取行動，消除心中所擔心的事。經常出現恐懼夢境的人，在日常生活中，比較敏感，

待人處世比較小心、謹慎，是個具有焦慮氣質的人。

夢見自己害怕，意味著自己有著一成不變的看法，堅如磐石，不可動搖。

女人夢中害怕丈夫，則會因為自己的固執，和丈夫發生爭吵。

夢見孩子害怕，孩子就會固執己見，不肯聽從父母的勸告。

夢見自己為朋友感到害怕、不安，暗示夢者不想受朋友的牽連。

★ 夢見哭泣代表什麼

在夢境中，由於各種原因使夢者出現哭泣，而且哭泣的聲音很悲慘，這預示著夢者在現實生活中會很快陷入到嚴重的困境，但是如果自己能夠及時地提高警覺，還是有辦法掙脫出來。

在夢中如果聽到有人喜極而泣，這表示在你陷入困境時，會有意想不到的人士對你提供幫助。

如果夢境中的自己或其他人，是猛獸般地哭嚎，這表示嚴重的意外事件可能降臨在夢者身上。

☆ 夢見沉默代表什麼

夢見自己沉默少語，言簡意賅，表明自己很嚴謹、言語不多，但處事比較能夠把握分寸。

☆ 夢見失望代表什麼

已婚男人夢見灰心失望，表示有好事來臨。

已婚女人夢見自己消沉失望，預示將要懷上孩子。

男性夢見失望，意味著走出逆境就有回報。

女性夢見失望，預示著要堅強自信。

商人夢見灰心失望，暗示近期收入會大增。

學生夢見灰心失望，表明測試會取得優秀成績。

✦ 夢見猜忌代表什麼

夢見你懷疑妻子的忠貞，暗示他人會干擾你。

女性夢到丈夫有外遇，暗示她會發覺許多意外事件，並因此受到折磨。

✦ 夢見噁心代表什麼

夢見感到噁心，表示夢者會因失去某些東西而不安。

夢見對別人的行為感到噁心，預示著他人正在懷疑自己。

缺少是富有，在夢中，缺少意味著不怕缺少，成功通過了生命中的這段考驗，所以匱乏的日子將會結束。

夢見缺少某樣東西，意味著會富裕。

231

夢見缺水，會擁有自己的水池和水井，所以會有很多水。

夢見缺少糧食，意味著會得到錢財，會有很多購買糧食的錢，能選擇有益的生意或工作。

夢見沒有衣服穿，會富有。

夢見朋友或其他人缺少某種東西而極不方便，自己很快能得到這些東西。

夢見敵人缺家裡所需的東西，災難會臨頭。

商人夢見缺少商品，會成為百萬富翁。

病人夢見斷了藥，身體很快能康復。

✦☆ 夢見侮辱代表什麼

夢見被侮辱，暗示不久要與人打架。

夢見侮辱別人，表示會聲威大震，被刮目相看。

夢見自己受到別人誹謗，預示會官運亨通。

女人夢見自己受到誹謗，意味著道德品格無可挑剔。

✦☆ 夢見憤怒代表什麼

夢見對別人發怒，暗示兩人會成為朋友。

夢見朋友對自己發怒，預示兩人的關係不像以前那樣好，不好溝通。

男青年夢見對自己的戀人發脾氣，表明兩人不久就會步入婚姻殿堂。

　　商人夢見對顧客發怒，意味著生意興隆，財源廣進。

　　夢見對長輩發怒，暗示日子過的美滿，一切順心順意。

☆ 夢見悲傷代表什麼

　　夢見為親友損失悲慟萬分，暗示夢者會過上美好的日子。

　　夢見加入了傷心憂慮的人群，預示夢者能在困難時刻遇上相知終生的良師益友。

　　夢見仇人悲傷，表明夢者可以通過努力打敗對手。

☆ 夢見懺悔代表什麼

病人夢見懺悔，預示病情會惡化。

學生夢見懺悔，表明考試會取得優異的成績，因具有非凡的才智，所以能獲得獎學金。

窮人夢見懺悔，預示生活會富裕。

企業家夢見懺悔，暗示會被迫降價出售貨物，獲利甚微。

✬ 夢見吹牛代表什麼

夢見自己在吹牛，意味著一時的衝動，做了使朋友難堪並讓自己懊悔的事。

夢見跟競爭對手誇海口，表示你不正直，將使用不正當的手段去贏得競賽的勝利。

✬ 夢見勝利代表什麼

夢見在戰場上取得勝利，意味著成功度過一

次生死攸關的劫難。

夢見在商場上取得勝利，預示著事業上又會有新的爭奪者。

夢裡禍患知多少

06
Chapter

✩ 夢見斬首代表什麼

夢見自己被斬首，表明你經過努力後，一定會取得最後的成功。

夢見別人被斬首，表明你雖然希望取得成功，但成功的希望不大。

✩ 夢見自殺代表什麼

夢見別人絕望企圖自殺，自己前去阻止並成功救下自殺者，表示夢者在現實中將會有很多崇拜者。

自殺是一種了結煩惱的方式，象徵著所有煩惱的結束。

夢見自己自殺，預示著身體健康，無病無災。

夢見別人在自殺，會憂慮重重。

女人夢見自殺，意味著丈夫將會富有。

女人夢見丈夫自殺，會與丈夫長期分離。

夢見妻子自殺，意味著家庭中沒有煩惱，能過上幸福的生活。

夢見朋友自殺，意味著朋友不願為你的事情操心，在困難的時候得不到朋友的幫助。

夢見仇人自殺，則意味著仇人的力量更加強大。

員警夢見別人自殺，因未能履行自己的職責，會受到處罰。

商人夢見自殺，會得到好處。

病人夢見自殺，身體很快能恢復健康。

夢見跳崖代表什麼

夢見跳崖，生命和財產都會受到嚴重的威脅。

夢見站在懸崖邊上，災難會降臨在自己和家

人的頭上。

夢見從懸崖上掉下來，生意會倒閉。

已婚女人夢見自己從懸崖上掉下來，會被丈夫看不起。

青年男女夢見從懸崖上掉下來，是不祥之兆。

商人夢見從懸崖上跌落下來，生意會突然受到衝擊。

病人夢見從懸崖上跌落下來，處境艱難。

老人夢見從懸崖上掉下來，孩子會溘然而逝。

工作人員夢見掉到懸崖下，會有被解雇的危險，或被辭退。

夢見陌生人從懸崖上跌落下來，能制服自己的仇敵，但是會與自己的支持者分道揚鑣。

夢見妻子從懸崖上掉下來，妻子會更加體貼自己。

夢見有人把自己從懸崖上推下去，會遭人暗

算，有可能喪生。

☆ 夢見失明代表什麼

眼睛失明的夢，是在提示夢者要看清自己，
眼睛失明意味著被蒙蔽，看不到事情的本質。

夢見自己失明，表示現實中的你看不清自己
的能力，沒自信或是被小人進讒言，而使你錯誤
的判斷事情。

240

夢見自己的眼睛瞎了，也表示你目前被人惡
意中傷，但只要日久就能見人心，誤解就消除了；
而以感情方面來講，表示你正在為戀愛而煩惱，
不知該如何解決，建議你可以請人幫你。

☆ 夢見閹割代表什麼

男性夢見自己被閹割，是警告夢者前往不要

去追求那不屬於自己的感情。

已婚女性夢見閹割，提醒夢者一定要提防丈夫產生婚外情。

未婚女性夢見看到男人被閹割，是提醒夢者不要陷入感情的漩渦之中。

☆ 夢見失聰代表什麼

夢見失聰，耳朵代表人們的開放性、接受能力以及傾聽自己內心或者他人內心的意願。

夢中的失聰，是無法收穫的象徵。

夢見什麼聲音都沒有，表示夢者耳朵或者聽力有問題。

夢見自己失去聽覺，預示夢者在經濟上有巨大收穫。

夢見別人失去聽覺，預示夢者眼前的問題將得到圓滿解決。

夢見自己千方百計地去和一個聾子交流，表示夢者將在實現目的之前有一段時期失意。

聲音可以傳遞資訊。夢中的失聲，是無法使人瞭解的象徵。

夢見自己失聲，意味著夢者將面臨著情感困惑，自己很愛對方，但對方卻毫不在乎自己。

夢見自己變成啞巴，象徵著沒有辦法使人瞭解夢者的思維過程，因而業務無法順利進展。

啞巴夢見自己失聲，是壞朋友出現的預兆。

墜樓的夢，預示著你可能會遇到疾病或困難。

如果夢見自己從樓頂上失足掉下來，在下落時驚慌而醒，意味著你的身體可能出現不適或有疾病，應注意自己的身體。

如果夢見別人從樓頂上失足掉下來，表明你可能會遇到意想不到的麻煩。不過不必擔心，煩惱之事很快就會過去。

✦ 夢見迷路代表什麼

迷路，不僅現實生活中有，夢境中也會有。生活中是我們迷失了道路的方向，不知該往哪裡走；夢境中是迷失了人生的方向，不知道自己應該以什麼為目標。

在清醒的生活中，大家有很多隱藏著的想法，而心靈深處應該有一個屬於自己的最終目標。但是沉迷於現實生活久了，我們對內心的那個目標感覺迷茫了，不知道自己究竟該做什麼，

能做什麼。這種情感可能不能被意識到，而從夢中反映出來了。針對這樣的夢，我們要有清醒的認識，要理解夢境給出的提示和警告，以便端正我們的生活態度。

夢見迷路表示你身心俱疲，想要好好休息。

夢見在公園迷路，表示害怕身邊沒有可依靠的人。

夢見忘了路，立即改行，會有好處。

小偷夢見忘了路，透過自己的努力，能發財。

未婚男子夢見忘了路，會找到志同道合的情侶。

病人夢見忘了路，會得到很好的治療，不久就能恢復健康。

工作人員夢見忘了路，會升職加薪。

夢見道路突然不見，則為願望難成。

夢見自己中風癱瘓，家務事會纏身。

夢見朋友得了半身不遂，意味著朋友需要自己的幫助。

夢見妻子癱瘓，孩子會生病。

夢見仇人患半身不遂十分痛苦，預示自己會勝利。

夢見治療癱瘓，生意或財產方面的管理是成功的。

245

工作人員夢見得了半身不遂，上司會不滿意自己，長期不給自己加薪，或者被解雇。

病人夢見癱瘓在床，病情會好轉。

夢見很多癱瘓病人，會遇到各種困難。

夢見護理癱瘓病人，賣藥能發大財。

☆ 夢見殺人代表什麼

夢見自己被不認識的人傷害，會身體健壯、延年益壽。

夢見家裡有人想刺殺自己，兇手會成為繼承人。

夢見控告自己犯了殺人罪，會揚名天下。

夢見自己殺害了仇人，仇人的力量會加強。

夢見自己殺害了親人，能繼承遺產。

女人夢見丈夫被殺，夫妻會幸福、愉快。

夢見溺水代表什麼

夢見溺水，健康方面有陰影。舊病復發的可能性非常大，尤其是過敏性體質的人，或曾經患過腎炎的人，要特別小心。

夢見自己被水淹，災禍降臨。

夢見快要被水淹死時獲救，會在別人的幫助下，不同程度地減輕災難。

夢見被河水沖走或在河中溺水，表示你想藉由做愛來舒緩壓力。

夢見溺水表示計畫錯誤，病情惡化。

☆ 夢見車禍代表什麼

在惡夢中遭遇車禍出意外，說明你必須重新審視你的生活：仔細回想一下，你的生活是否失去了控制，或者在某件事情的處理上過於偏激？如果你能事先做好周詳的計畫，鎮靜地處理，不急功近利，那麼你一定會成功的。

247

如果夢見在家中發生事故，那麼表示你很擔心家人。

如果夢見辦公室裡的事故，那麼你很渴望在工作上取得好成績。

夢見一起飛行事故，預示著你最近缺乏自信，對別人也失去了信心。

夜裡夢境知多少
為你揭開意想不到的夢境之謎

如果夢見自己在事故中受傷了，說明你渴望一種穩定的感覺——週末與知心好友一起出遊就不失為理想的選擇。愛情上，目前你不需要固定的關係——特別是那種傳統的類型，即使有也會迅速結束。不過不要難過，一段溫馨甜蜜的關係很快就會來臨。

夢到你的親人都被大卡車壓死等交通事故，不要內疚，你不是真的希望你的家人全部慘死，而是你很想有個自由獨立的生活空間，對於家人的限制和干涉，你有所不滿，在潛意識中有想讓他們暫時消失的欲望，只是你自己不知道罷了。在夢中你會害怕，那是因為你有罪惡感，所以你沒辦法發現你的真正動機。有些人說夢到家人死亡，可能是有些不祥或異常的預兆，其實不然，夢只是為了達成你的願望，在夢中是沒有什麼道德和罪惡的，所以會有這種用家人生死來呈現欲望的夢境。

在惡夢中遭遇車禍，事業將大成。

如果夢見在家中發生事故，全家幸福平安。

如果夢見辦公室裡的事故，工作上會取得好成績。

如果夢見自己在事故中受傷了，工作上，順心如意。愛情上，一段溫馨甜蜜的關係很快就會來臨。

地震是成果，夢見地震是祥兆。

地震讓所有高處的東西跌落地面，象徵著一切回到了本來的位置，常被引申為學術上的成果。有堅實基礎、不是人為堆砌起來的，才算真正的成果。

學者專家夢見地震，會由於學術成果而舉世聞名。

大學教師夢見地震，會由於成果卓著而舉世聞名。

對一般人來說，夢見地震則意味著找到了自己生命的重心，可以堅定而無所畏懼地展開自己的人生。

夢見長時間觀看地震，事業或生意有好轉。

但是夢見地震過後，家裡會發生爭吵，家人會生病，整天得不安寧。

夢見電視、電影畫面上出現地震或颱風的話，表示你的工作將有異動，或是情人將被調至外地工作。

★ 夢見空難代表什麼

夢到飛機失事的景象，是在暗示你不用抱太大的期望，你的夢想也許會落空，千萬不要把一生的賭注都獻上了。另一方面，若剛好是你要出

國前夕夢到飛機失事，是因為你太過擔心了，可以到廟裡祈求平安就可。

✦ 夢見毀容代表什麼

毀容的夢，代表的是高興事與異性緣。

夢中夢見被毀容，表明在你的心理特別注意自己的儀容儀表。

如果男性夢見自己被毀容，意味著你會有意想不到的高興事。

如果女性夢見自己被毀容，預示著你有著極好的異性緣。

✦ 夢見血光之災代表什麼

夢見血光之災，極祥，可能要發財，會有好事發生，特別是自己遭受血光之災更會有大好事

發生。

✨ 夢見手機爆炸代表什麼

夢見手機要爆炸，意味著真實生活中突然發生的重大變化。

手機爆炸的夢可能表示溝通方面遇到了巨大變化。

✨ 夢見世界末日代表什麼

夢見世界末日，吉。

末日者，無也，夢反之，會百事順利。

夢見自己活著，等著看世界末日來臨是怎麼一回事，這是警告你不要過去追逐物質和肉體上的享受，有壞人可能利用你的弱點詐取你的錢財。

女性夢見世界末日，暗示不要被妳的上司迷惑，他們只是為滿足個人的情欲，佔便宜而已，應該去找老實可靠真正愛妳的人。

☆ 夢見觸電代表什麼

夢見觸電，意味著生活中受到太多的打擊。

未婚男女夢見觸電，意味著受到戀人的打擊太多。

工作人員夢見觸電，預示著工作很不盡如人意。

253

☆ 夢見天塌地陷代表什麼

夢見天塌地陷，天塌地陷的夢，代表的是健康方面的問題。

夢中的天塌地陷，表明心中存在著嫉妒恐

懼，而且又有些焦慮過度、心灰意冷。

夢見天塌地陷，表明自己或親人可能會出現健康方面的問題。

✦ 夢見帳號被盜代表什麼

夢見帳號或者遊戲帳號被盜，最近會是你的桃花高峰期，你身邊會出現強勁的追求者，給你帶來不同的驚喜，你的生活也會會變得甜蜜和豐富多彩起來。

i-smart

智學堂
智慧是學習的殿堂

夜裡夢境知多少：

★ 親愛的讀者您好，感謝您購買 為你揭開意想不到的夢境之謎 這本書！

為了提供您更好的服務品質，請務必填寫回函資料後寄回，
我們將贈送您一本好書（隨機選贈）及生日當月購書優惠，
您的意見與建議是我們不斷進步的目標，智學堂文化再一次
感謝您的支持！
想知道更多更即時的訊息，請搜尋"永續圖書粉絲團"

您也可以使用以下傳真電話或是圖檔寄回本公司電子信箱，謝謝！

傳真電話： 電子信箱：

（02）8647-3660 yungjiuh@ms45.hinet.net

姓名：＿＿＿＿＿＿ ○先生 ○小姐 生日：＿＿＿＿＿＿ 電話：＿＿＿＿＿＿

地址：＿＿＿＿＿＿＿＿＿＿＿＿＿＿＿＿＿＿＿＿＿＿＿＿＿＿

E-mail：＿＿＿＿＿＿＿＿＿＿＿＿＿＿＿＿＿＿＿＿＿＿＿＿

購買地點（店名）：＿＿＿＿＿＿＿＿＿＿ 購買金額：＿＿＿＿＿

職　業：○學生　○大眾傳播　○自由業　○資訊業　○金融業　○服務業　○教職
　　　　○軍警　○製造業　○公職　○其他＿＿＿＿＿＿＿＿＿

教育程度：○高中以下（含高中）　○大學、專科　○研究所以上

您對本書的意見：☆內容　　　　○符合期待　○普通　○尚改進　○不符合期待
　　　　　　　　☆排版　　　　○符合期待　○普通　○尚改進　○不符合期待
　　　　　　　　☆文字閱讀　　○符合期待　○普通　○尚改進　○不符合期待
　　　　　　　　☆封面設計　　○符合期待　○普通　○尚改進　○不符合期待
　　　　　　　　☆印刷品質　　○符合期待　○普通　○尚改進　○不符合期待

您的寶貴建議：